FACULTÉ DE DROIT DE PARIS

DU SÉNATUS-CONSULTE VELLÉIEN

ou de

L'INTERCESSION DES FEMMES

En Droit Romain

et de

L'INCAPACITÉ DE LA FEMME MARIÉE

En Droit Français

THÈSE POUR LE DOCTORAT

PAR

PAUL PETIT

Avocat à la Cour impériale.

PARIS

Librairie des Écoles A. MORANT, 22 , rue de Sorbonne. 22.

— 1868 —

FACULTÉ DE DROIT DE PARIS

DU SÉNATUS-CONSULTE VELLÉIEN

OU DE

L'INTERCESSION DES FEMMES

En Droit Romain

ET DE

L'INCAPACITÉ DE LA FEMME MARIÉE

En Droit Français

THÈSE POUR LE DOCTORAT

Soutenue le JEUDI 16 JUILLET 1868, à midi

PAR

PAUL PETIT

Avocat à la Cour impériale.

PRÉSIDENT : M. BUFNOIR, Professeur.

SUFFRAGANTS
| MM. COLMET-DAAGE. . . . |
| MACHELARD. . . . . } Professeurs. |
| GIRAUD . . . . . . |
| DESJARDINS. . . . . } Agrégé. |

PARIS

Librairie des Écoles A. MORANT, 22, rue de Sorbonne, 22.

— 1868 —

A MON PÈRE. — A MA MÈRE

INTRODUCTION.

I.

Je veux dans cette préface esquisser d'une main rapide quelques traits de mœurs recueillis à Rome et chez les Germains ; je traverserai les siècles qui ont suivi leur invasion, et je terminerai par quelques considérations générales. Puissent ces quelques lignes, malgré leur brièveté, jeter un peu de lumière sur le sujet que nous aurons ensuite à traiter : de l'intercession des femmes en droit romain et de l'incapacité de la femme mariée en droit français.

II.

Dans les premières années de la République, le luxe n'avait pas encore envahi Rome. Mais si la société n'était pas encore en proie à cette licence qui accourut de l'Orient pour la dégrader,

Luxuria incubuit, victumque ulciscitur orbem.

(Juvénal, sat. VI.)

La famille, dès son origine, fut entachée de servitude domestique ; appartenant à son père d'abord, la femme n'échappait à son autorité que pour appartenir à son mari ; du reste, on couvrait de fleurs la réalité ; le flammeum qui voilait la fiancée, le fuseau, le fil qu'elle portait, sa marche vers la maison nuptiale, les tentures flottantes et les feuillages verts qui décoraient cette maison, tout cela venait embellir une honteuse translation de propriété.

Dès la constitution première de la famille romaine, nous rencontrons le tribunal domestique : représentant de Jupiter, sous la protection des dieux lares, entouré des images de ses aïeux ; le père de famille siége tout puissant ; il a dans ses biens la femme qu'il a achetée, il expose ses enfants, il crucifie ses esclaves.

Cette puissance du mari, si exorbitante, qu'elle donnait le droit à Egnatius Metellus, de faire expirer sa femme sous des coups de bâtons pour avoir bu du vin, n'était point cependant attachée à tout mariage légitime, car la femme n'était arrachée à sa famille première pour entrer dans celle de son mari, que s'il l'avait acquise par l'*usucapio* ou à l'aide des cérémonies de la *confarreatio* et de la *coemptio*. En dehors de cela, elle restait sous la puissance de son père, qui conservait sur elle son autorité tout entière et la pouvait même contraindre à divorcer avec son mari ; ou bien si elle était *sui juris*, elle restait soumise à la tutelle perpétuelle de ses agnats ou du tuteur que lui avaient attribué un testament ou un magistrat. Singulière anomalie de ces deux

— 7 —

situations exagérées ; d'une part la femme absorbée par la personnalité de son mari, lui appartenant personne et biens, d'autre part la femme entièrement indépendante de son autorité, soumise à une puissance complètement distincte ; étrangère à son époux et dans une autre famille que lui ; le mariage de cette deuxième espèce est connu sous le nom de mariage libre. Ni l'un ni l'autre ne réalisent l'union des âmes et la *communicatio omnis vitæ*. Pendant longtemps, le mariage libre fut de beaucoup le moins fréquent ; et nous voyons que dans le début, il ne signifiait pas que la femme fut elle-même libre, mais qu'elle était en une autre puissance que celle de son mari. Mais on passe aisément de la tyrannie à la licence. Voici ce qui arriva : la dissolution arbitraire du mariage rigoureux par lequel la femme avait été mise, elle et ses biens, en la puissance de son mari, aurait sacrifié tous les intérêts de celle-ci ; aussi la loi infligea dès les premiers temps au mari des peines pécuniaires lorsqu'il la répudiait sans motif justifiable ; il devait lui restituer la moitié de sa fortune, l'autre moitié était dévolue à Cérès ; mais peu à peu le droit de divorce du mari fut élargi : de nouvelles garanties devenaient donc nécessaires pour mettre la femme à l'abri des périls de la confusion de sa fortune dans celle du mari ; intervinrent donc les stipulations entre parties, et la restitution des biens de la femme fut désormais stipulée dans les contrats de mariage, en prévision

de la séparation éventuelle des époux; les progrès
du divorce hâtèrent cette transformation en la ren-
dant nécessaire, et dès lors les femmes à qui la dissolution du mariage n'était plus préjudiciable, s'en
servirent à leur tour comme d'un moyen légal pour
reprendre leur liberté. En même temps le mariage
libre commença à prendre faveur; dès la fin de la
République, il était le plus usité, et il se transforma
lui-même en assurant à la femme une indépendance
complète; l'émancipation de la femme finit par
précéder son mariage, et comme la tutelle perpétuelle tombait aussi en désuétude, on vit ainsi des
femmes mariées jouissant d'une liberté civile illi-
mitée.

C'est avec le mariage libre qu'apparaît le régime
dotal; car, bien que dans cette forme de mariage, la
femme n'entre pas en qualité de mère dans la famille de son mari, il faut cependant qu'elle y apporte
de quoi contribuer aux dépenses du ménage dont
elle va augmenter les charges; la dot remplit cette
fonction. D'abord apportée au mari en toute propriété, la dot en arriva graduellement à ne lui être
transférée que quant au domaine utile, le domaine
naturel en restant à la femme qui la recouvrait à la
dissolution du mariage arrivée par le divorce ou par
la mort du mari; le mari en avait l'administration
et la jouissance. Auguste, puis Justinien, prirent des
mesures énergiques pour que sa restitution fut efficace; d'autre part, le mari n'avait aucun droit sur

les biens paraphernaux de sa femme, qui les faisait ordirairement administrer par un esclave paraphernal ; si donc il ne pouvait être question de la capacité civile de la femme quant à ses biens, dans le système du mariage rigoureux, il ne peut être question d'incapacité de la femme, quant à ses paraphernaux, sous le système du mariage libre ; les deux époux étaient donc devenus égaux, mais ils étaient devenus étrangers l'un à l'autre.

La capacité n'était retirée à la femme, quant à ses biens paraphernaux, que dans le cas où son engagement pourrait profiter au mari. Des édits d'Auguste et de Claude furent rendus : *Ne feminæ pro viris suis intercederent.* (L. 2, pr. D., 16-1.) Un sénatus-consulte, rendu probablement sous le règne de Claude, étendit cette disposition et leur donna, à elles et à leurs héritiers, le droit de se refuser à l'accomplissement de toutes les obligations qu'elles pourraient contracter pour le compte d'un étranger aussi bien que pour le compte de leur mari. C'est le sénatus-consulte Velléien qui fera l'objet spécial de la première partie de ma thèse. J'y reviendrai tout à l'heure.

En même temps que s'évanouissait la servitude domestique, une tache non moins terrible et non moins honteuse vint dégrader le foyer domestique et anéantir la famille : ce fut l'impudeur du vice et de la prostitution qui eut son culte et ses temples. « Les femmes romaines, put dire Sénèque avec vérité, ne comptaient plus les années par le nom des consuls, mais par le nombre de leurs maris. » Le mariage ne fut plus pour ceux-ci qu'une question de dot. Les constitutions des empereurs, les efforts des jurisconsultes pour restreindre les cas de divorce et arrêter la licence, ne produisirent que de faibles résultats. L'empire romain s'affaissa pour ne plus se relever.

Au V⁰ siècle, il était mûr pour sa chûte, quand sa mollesse fut refoulée et brisée par des hordes qu'il méprisait comme barbares : sorties des forêts de la Germanie, elles accourent, couvrent l'Europe et renversent les pompeux débris de cet empire que l'on croyait encore immortel.

Que pouvait être la famille chez ces peuples, qui, au dire de Tacite, « eussent regardé comme paresse et lâcheté d'acquérir par la sueur ce qu'ils pouvaient acquérir par le sang, » et à qui « l'on eût persuadé bien moins de labourer la terre et d'attendre l'année, que de chercher des blessures et d'appeler des ennemis ?.... »

Austère, si nous en croyons leur admirateur, relativement aux autres nations païennes, la famille est empreinte de toute cette barbarie. La femme est une bête de travail, l'enfant est la propriété du père; cette austérité de mœurs, dont nous parle l'historien latin, je ne la trouve qu'au profit du fort. « Lorsque l'homme est encore sauvage, a dit M. Troplong, il enlève la femme par le rapt; lorsque de l'état sauvage il est passé à l'état barbare, il l'achète de ses parents, et, par là, il donne place au consentement dans l'acte qui fonde la famille. C'est par un marché comme à Rome, que la femme germaine, *in mundio patris* avant le mariage, passait en la puissance de son mari. Aussi nous lisons quelque part, dans la loi des Saxons : « Ne quis uxorem nisi emptitiam duceret, » puis encore « uxorem ducturus CCC solidos det parentibus ejus. » Voici ce que porte la loi des Bourguignons : « Si quelqu'un renvoie sa femme sans raison, qu'il lui donne une somme égale à ce qu'il avait payé pour l'avoir. » Cela ressemble fort à une vente sous condition résolutoire.

On consacrait toutefois ce contrat par les cérémonies qu'on y ajoutait; on se faisait des présents mutuels. « Ces présents, nous dit Tacite, ne sont point de ces frivolités qui charment les femmes, ni rien dont puisse se parer la nouvelle épouse. Ce sont des bœufs attelés, un cheval tout bridé, un bouclier avec la framée et le glaive. » Devenu sacré par les présents, le mariage, alors seulement est indissoluble, mais pour la femme seulement; son adultère serait sévèrement puni; le fort a une jouissance brutale de ce qui lui appartient. Cependant le mot *mundium* signifie tutelle, et si les mœurs avaient brutalisé cette protection du mari, l'expression du moins était supérieure à l'*antiqua potestas romana,* qui ne renfermait d'autre idée que celle d'absolutisme et de domination.

La dépendance de la femme ne tenait pas, du reste, à sa qualité d'épouse; elle la suivait dans toute sa condition, et il faut convenir que, dans une société barbare, elle était à peu près la seule garantie de sa sécurité.

L'incapacité civile de la femme était, on le devine aisément, sa condition générale dans les lois barbares; elle pouvait toutefois avoir des biens propres à elle, qu'il n'était point donné au mari d'aliéner, et pour la disposition desquels celui-ci n'intervenait que pour donner son autorisation. La personnalité de la femme n'était donc point méconnue tout entière; elle se dégagera au souffle fécond du christianisme qui viendra bientôt pénétrer ces âmes pour les grandir et les relever.

Après l'invasion germaine, trois éléments se disputent l'Europe : la barbarie, la civilisation romaine avec son cortége de luxe et de corruption, le Christianisme. Sous la puissante influence de ce dernier élément, la personnalité de la femme se dégage mieux de l'étroite dépendance où elle gémissait; ce ne sont plus désormais ses parents qui la donnent au mari et en font la tradition ; mais, de bonne heure, ce fut elle qui se donna à son époux, avec l'assistance de ses parents. De là, il arriva que le prix devint non plus leur propriété comme auparavant, mais la propriété de la femme. Outre la dot, elle recevait encore de son mari un présent appelé *morgengab*, ou don du matin. La vierge seule et non la veuve avait droit au don du matin qui suit les noces, tandis que la dot les précède.

Plus tard, le morgengab et le *pretium nuptiale* se confondirent, pour donner naissance au douaire. « Le morgengab avait un caractère trop charnel pour la spiritualité que le christianisme a mise dans le mariage ; le *pretium nuptiale*, ou la dot, rappelait encore jusqu'à un certain point cet achat de l'époux, qui répugne à la dignité de la femme. En se métamorphosant en douaire, le morgengab fut attribué à la veuve. Il finit par être attaché à la célébration du mariage. De son côté, la dot germanique transformée en douaire, devint un gain de survie et se changea en usufruit. » Un autre avantage était encore attribué à la femme, si elle survivait : elle avait, outre le douaire, une part dans les acquets.

En même temps que le douaire se développait, la communauté devint bientôt le droit commun de la législation coutumière, et l'on vit enfin passer dans le régime des biens respectifs des époux la communauté qui régnait entre leurs personnes : en vain les jurisconsultes du XVIe siècle, fidèles au souvenir de la civilisation antique, essayèrent une énergique résistance et s'efforcèrent de restreindre la capacité des femmes ; leurs sarcasmes furent impuissants devant les mœurs qui les devançaient, et les mœurs entraînèrent à leur suite les lois et la jurisprudence.

Toutefois, dans le développement du droit coutumier, la subordination légale de la femme fut le principe fondamental de la société conjugale. Le mariage
émancipait de la puissance du père ; il faisait passer
la femme sous la puissance du mari. La dépendance
de la femme avait trait à sa personne et à ses biens.
Le droit de correction existait, bien que limité par
les lois : « Il loist à l'homme, dit Beaumanoir, de
bastre sa femme sans mort et sans méhaing, quand
elle le meffet, » et Basnage nous rapporte à ce sujet
la singulière prescription faite aux femmes de laisser
pousser leurs cheveux, afin que les maris eussent
prise sur elles. Puis la puissance du mari diminua
à mesure que celle de l'Eglise grandit, et le blanc-
seing qui lui était donné lui fut retiré peu à peu. La
séparation de corps, la séparation de biens, le droit
de plainte reconnu à la femme si le mari veut lui
donner une rivale dans sa demeure, intervinrent
pour soustraire la société domestique au gouvernement arbitraire du mari.

La capacité civile de la femme suivit la même
progression. L'autorisation du mari était nécessaire
d'abord pour toutes les actions en justice et pour
tous les contrats de la femme, dont l'incapacité s'é-
tendait même, dans certaines coutumes, jusqu'à la
faculté de faire un testament. Dans la réformation
des coutumes, un grand pas fut fait vers son indépendance ; la femme n'eut plus besoin d'autorisation
pour se défendre contre les accusations de crime ou

de délit, ni pour demander la séparation ; elle put
faire seule au moins les actes d'administration de sa
fortune, et enfin le pouvoir du mari ne fut plus
qu'un pouvoir en premier ressort, soumis au droit
d'appel de la femme, celle-ci pouvant recourir à
l'autorisation de la justice, qui prit peu à peu une
plus grande place.

Lorsqu'au douaire vint s'ajouter la communauté,
le mari garda bien, dans son gouvernement de la
fortune commune, des droits de maître à peu près
souverain; mais le système des récompenses, le
droit de demander la séparation de biens, de renoncer à la communauté, furent la consécration
définitive du droit de la femme comme associée.

Ces transformations successives, que nous venons
de parcourir rapidement, ne s'étaient produites que
dans les pays de coutume; c'est dans le midi de la
Gaule, dans les provinces de Droit écrit, que la communauté ne put s'établir : le régime dotal romain
et le mariage libre y prévalurent seuls. La capacité
de la femme mariée subsista dans toute son étendue : pour intenter ou soutenir un procès, pour
contracter, administrer, disposer, donner et recevoir, la femme, dans ces provinces, eut sur tous les
biens qu'elle s'était réservés comme paraphernaux,
une pleine capacité; et, grâce à l'influence du
Christianisme, cette indépendance de la femme n'al-
téra point, comme à Rome, la permanence du mariage. La personne de la femme était respectée et

protégée contre toute violence ; elle restait pendant toute sa vie sous la puissance paternelle; mais cette autorité, dénuée de toute sanction, la laissait jouir d'une indépendance tempérée seulement par la loi *Julia* et le sénatus consulte Velléien, dont les dispositions tombèrent bientôt en désuétude et furent enfin abrogées par les édits de 1606 et 1664.

L'influence du droit coutumier, si tardive qu'elle fut, finit cependant par se faire sentir dans les provinces de Droit écrit : elle commença d'abord par se manifester dans celles qui se trouvaient dans le ressort du parlement de Paris; c'est ainsi que les provinces du Lyonnais, Forez-Beaujolais et Nivernais, reconnurent la nécessité du consentement et de l'autorisation du mari pour les obligations de la femme et ses actes de disposition ; enfin, cette autorisation maritale, et, à son défaut, celle de justice, furent même exigées par l'ordonnance de 1731 pour les donations faites à la femme. Et sous le nom d'*augment* de dot, les pays méridionaux connurent aussi le douaire des pays coutumiers.

III.

Qu'on nous permette, pour clore cette préface, d'exprimer notre sentiment sur une grave question qui, en cette matière, s'impose d'elle-même à la refléxion du jurisconsulte, et de rechercher quelle devrait être dans une bonne législation la capacité civile de la femme.

Convient-il d'approuver l'abrogation du Sénatus-consulte Velléien, et à supposer qu'on l'approuve, faut-il, allant plus loin, réclamer pour la femme mariée, l'affranchissement de cette tutelle perpétuelle dans laquelle elle est placée à l'égard de son mari, et la suppression du contrôle incessant et jaloux qui pèse sur tous ses actes de la vie civile. Ce sont là, on le voit, deux questions de la plus grande importance : Quelle doit être la capacité de la femme dans la société? Quelle doit être sa capacité dans la famille?

Les limites fort restreintes de cette étude ne nous permettent pas une discussion approfondie de ces deux intéressants problèmes; nous essaierons cependant, en quelques mots, de dégager les raisons principales qu'on a fait valoir pour prendre parti dans l'un ou l'autre sens. Ceux qui voudront voir une démonstration savamment approfondie de ces propositions, liront avec un vif attrait le dernier chapitre du très-remarquable ouvrage de M. Gide sur le Sénatus-consulte Velléien en droit romain, et l'incapacité de la femme en droit français.

Et d'abord, se sont demandé les partisans du maintien du Sénatus-consulte, le législateur n'a-t-il pas manqué de prévoyance, lui qui entourait de formalités si protectrices le contrat de donation, d'en laisser si

entièrement dépourvu le contrat de cautionnement.
Celui-ci, en effet, ne renferme-t-il pas plus de dangers et de séductions ; n'est-on pas plus facilement
entraîné par la situation malheureuse du débiteur,
et par l'espoir décevant de rendre un service qui ne
coûte rien ? Les conséquences n'en sont-elles pas
aussi plus funestes à cause des voies de rigueur que
peut employer le créancier contre celui qui a cau-
tionné, tandis que le donataire se voit obligé à des
ménagements vis-à-vis de son bienfaiteur ?

Ces considérations fort justes en elles-mêmes, ne
nous expliquent nullement pourquoi la loi, distin-
guant entre les deux sexes, a frappé l'un d'une
incapacité dont l'autre demeurerait affranchi.

Posant la question sur le terrain des principes,
nous devons nous demander s'il est conforme aux
lois de la justice de dénier à la femme en tout ou en
partie la capacité de s'obliger. En effet, dit M. Gide,
en termes excellents, « il est un principe longtemps
méconnu, mais hautement proclamé par la science
contemporaine, c'est qu'il n'est pas au pouvoir du
législateur de dénier à un être humain le libre exercice des facultés dont l'a doué la nature, pourvu
qu'il en fasse un honnête usage. » La loi positive
méconnaît ce principe, lorsque, reconnaissant à la
femme le titre et les droits de propriétaire, elle
ferme à son essor le champ du commerce et des
transactions, la dépouillant d'un avantage légitime
en même temps que d'un élément essentiel de pros-

périté. Qu'on ne vienne pas nous dire, avec ce sophisme, à l'aide duquel on a justifié tous les esclavages, que c'est dans l'intérêt de la femme qu'on la prive de son crédit. Non: c'est un droit, c'est même un devoir pour tout homme de tirer le meilleur parti des forces intellectuelles et physiques que Dieu lui a confiées, et toute loi qui met un obstacle à ce libre exercice, sera toujours, de quelque prétexte mensonger qu'on la colore, une loi injuste et funeste.

D'ailleurs cette vérité ne reçoit-elle pas une double atteinte du Sénatus-consulte Velléien, qui, non content de condamner à l'inertie et à la stérilité les forces vives de toute une moitié du genre humain, proclame hautement pour la femme le droit de se jouer impunément de la parole qu'elle a engagée à son débiteur. « Système fort logique et fort moral en vérité, qui, de crainte que le créancier n'ait pu parfois tromper sa débitrice, autorise la débitrice à tromper toujours son créancier. »

Si les juristes modernes ne regardent plus la femme, ainsi que le faisaient les auteurs du XVI° siècle, comme une beste haineuse, fausse, avare, nourrissante de mauvaiseté, et racontant sa propre vitupère, ils la déclarent sans connaissance du droit et des affaires. Mais de grâce, en sont-elles plus ignorantes que ces millions de citoyens français qui, à la honte de notre civilisation, n'ont jamais mis le pied dans une école, eux qui contribuent cependant au gouvernement des affaires de leur pays, de par le droit du suffrage universel, qu'un écrivain moderne a très-spirituellement appelé, selon nous, « l'adjonction des incapacités. » D'ailleurs si elles n'ont pas l'expérience des affaires, à qui la faute, si ce n'est à ceux qui leur interdisent de s'en mêler.

Sans doute, il faut faire une part légitime aux exigences de la morale publique, et si, nous séparant en cela des idées si élevées et si fortement rendues de M. Gide, nous n'allons pas jusqu'à traiter de paradoxe, la thèse de l'égalité politique des deux sexes, soutenue naguère par un éminent publiciste anglais, nous avouons cependant qu'il nous serait difficile d'appeler la femme à partager sans réserve la jouissance de tous les droits politiques dont les hommes ont eu jusqu'ici le monopole. Mais, que du moins dans le cercle de la vie privée, la femme soit libre et active. Si vous allez plus loin, si vous imprimez au front de la femme ce facile brevet d'incapacité, vous faites un acte contraire à la morale publique, vous enseignez à l'homme à ne voir dans la femme, son égale, qu'un être inférieur, et vous flétrissez au cœur de l'homme ce sentiment de respect « qui est la source pure et féconde où s'alimentent les vertus privées et les mœurs publiques. »

Ce n'est pas seulement au nom de la justice et du droit, c'est encore au nom des intérêts économiques et de l'utilité sociale que nous réclamons la liberté civile du sexe féminin. Comment n'est-on pas frappé du préjudice considérable apporté à la société par cet état d'impuissance et d'inertie où l'on relègue à jamais la moitié de ses membres : c'est plus même que supprimer l'activité d'une moitié de la société, c'est gratuitement la pervertir et substituer aux transactions honnêtes, des transactions coupables et fécondes en procès, qui deviennent un instrument de ruine et de désordre. Aussi voyons-nous, à l'encontre du sénatus-consulte Velléien, surgir tôt ou tard la protestation unanime de tous les peuples, qui, partout où ils ont trouvé le sénatus-consulte en vigueur dans leurs lois, l'ont finalement aboli, en fait, par la pratique universelle des renonciations.

Le témoignage de l'histoire et les enseignements du passé font foi de cette vérité, que l'égalisation graduelle des deux sexes, dans l'ordre civil, est une des grandes lois du progrès social.

Mais si la femme doit être libre et indépendante dans la société civile, doit-elle être, peut-elle être libre et indépendante dans son ménage ? Cette question ne tend à rien moins, comme on le voit, qu'à mettre en cause la puissance maritale, son utilité, sa justice. Mais, hâtons-nous de le dire, deux éléments d'une nature bien différente, doivent être distingués dans la puissance du mari : l'élément moral et l'élément juridique. « Que la femme doive être soumise à l'homme qui est tenu de la protéger, c'est là un principe de morale consacré par le consentement de tous les peuples, un de ces axiomes primor-

2

diaux qui sont au-dessus de toute démonstration comme ils sont au-dessus de toute attaque Mais que la femme ne puisse faire un acte juridique sans l'autorisation formelle du mari, ce n'est plus là qu'un règlement de droit positif qui, loin d'être universellement admis, n'a jamais pu trouver place dans cette loi si sage et si complète qu'on a appelée la *raison écrite.* »

Ce serait se méprendre gravement que de réclamer au nom du progrès la suppression de l'autorité maritale. L'histoire nous démontre, au contraire, que plus l'autorité maritale s'établit fortement, plus aussi la femme acquiert une capacité complète et des droits plus étendus. Lorsque, dans l'ère barbare, la femme faisait partie du patrimoine du mari, il n'y avait pas lieu à une autorisation maritale. Elle ne faisait pas encore question, lorsque, dans la civilisation antique, la femme, naissant à la vie civile, commençait à être délivrée de la tyrannie domestique ; le régime dotal et paraphernal proclamait une séparation d'intérêts entre les époux ; la femme était affranchie de l'autorisation maritale par son incapacité même, qui lui interdisait toute communauté d'action avec son mari. Ce n'est que dans la troisième période, dans l'ère du Christianisme naissant, que la femme, admise à collaborer avec le chef du ménage, ne peut plus agir malgré lui et sans lui. Là est l'origine de l'autorisation maritale ; la femme s'y est trouvée soumise le jour où elle devint la compagne et l'associée du mari.

Mais si le principe de l'autorisation maritale est au-dessus de toute controverse, il n'en est pas de même du règlement de cette institution. Deux systèmes sont en présence.

Si de l'autorisation maritale l'on veut faire un secours au profit de la femme incapable, l'autorisation du mari devra être spéciale et constante, le juge suppléera l'assistance du mari devenue impossible, elle devra être requise à peine de nullité, la femme pourra elle-même demander cette nullité. Mais si l'autorisation maritale n'est qu'un instrument d'autorité, une arme aux mains du chef de ménage pour maintenir l'ordre et la discipline intérieure, la solution sur tous ces points sera diamétralement opposée.

Les principes sur lesquels repose cette dernière thèse, principes appelés à triompher dans un avenir qui n'est pas éloigné, commanderaient d'introduire dans les dispositions du Code Napoléon, sur l'autorisation maritale, trois modifications importantes : 1° supprimer la spécialité de l'autorisation ; 2° affranchir de toute autorisation la femme dont le mari est absent ou incapable ; 3° priver la femme qui a traité sans autorisation de l'action en nullité, et n'accorder cette action qu'au mari.

Ces réformes ne répondraient pas seulement aux exigences logiques de la théorie ; elles auraient aussi le mérite d'être d'accord avec les besoins fréquents de la pratique. Il serait d'une utilité évidente que

le mari, appelé par ses affaires à de lointains voya-
ges, put laisser à sa femme, par une autorisation
générale, le pouvoir d'acheter, de vendre, de contracter et de s'obliger selon les besoins du ménage.
La nécessité d'une intervention incessante de la justice, en cas d'absence ou d'incapacité du mari, devient souvent une cause d'embarras et d'entraves.
N'y a-t-il pas une contradiction flagrante à ce que
la femme, tutrice de son mari interdit, jouisse de
pouvoirs plus étendus sur les biens du mari ou de
la communauté qu'elle n'en a sur ses biens propres?
Enfin, n'est-il pas contraire aux principes les plus
élémentaires de la justice de permettre à une
femme, qui a contracté librement et en pleine connaissance de cause, d'attaquer elle-même son contrat, et de mettre à l'abri de son incapacité sa mauvaise foi, même la plus évidente?

Telles sont les considérations, trop rapidement
esquissées à notre grand regret, que nous serions
heureux de voir un jour se préciser et s'imposer
dans les formules généreuses d'une loi qui ne laissât
pas subsister la triste vérité de ces paroles de Mon-
tesquieu : « L'empire que nous avons sur les
femmes est une véritable tyrannie; elles ne nous
l'ont laissé prendre que parce qu'elles ont plus de
douceur que nous, et, par conséquent, plus d'hu-
manité et de raison. Ces avantages, qui devaient sans
doute leur donner la supériorité sur nous, si nous
avions été raisonnables, la leur ont fait perdre, parce
que nous ne le sommes pas. »

Première partie

DROIT ROMAIN

DU SÉNATUS-CONSULTE VELLÉIEN OU DE L'INTERCESSION DES FEMMES.

CHAPITRE PREMIER.

ORIGINE ET BUT DU SÉNATUS-CONSULTE.

Il s'était accompli, dès la fin de la République romaine, une révolution complète dans la condition des femmes. D'une dépendance absolue elles avaient passé à une indépendance presque sans limites; toutefois le souvenir des anciennes institutions ne se perdit pas tout à fait; plusieurs esprits y demeu-rèrent attachés et voulurent soustraire à la capacité des femmes toutes les affaires auxquelles pourrait se rattacher quelque idée politique ou civique; la femme ne doit pas remplir des offices civils, elle ne peut rendre des jugements; or, pensèrent-ils, s'immiscer dans les affaires d'autrui, c'est un acte qui doit être mis sur le même rang que l'exercice d'une magistrature, c'est un *officium publicum*, un *officium virile*; ils ne voulurent pas permettre à la femme de donner un patronage, une caution, des garanties qui la missent en scène et lui créassent une importance que la faiblesse de son sexe lui refuse.

Ce raisonnement chez quelques jurisconsultes ne laissait probablement pas d'être accompagné d'une pensée plus philantropique; cette liberté des femmes conquise par les mœurs inspirait leur méfiance, et ils craignaient qu'elle ne vînt à tourner à sor détriment; jugeant donc que la femme « non est prospiciens damnum, quod ante oculos positum non est, » leurs appréhensions se reportèrent, par suite de ce désir protecteur, sur les *intercessions* que la femme faisait pour autrui, intercessions qui ne lui permettaient pas, pensèrent-ils, de faire d'assez profondes refléxions sur le danger fort éloigné auquel elle s'exposait.

Quelque soit le but qui ait inspiré ces restrictions à la capacité de la femme, elles n'étaient pas consacrées par la loi, et la controverse régnait à Rome sur ces questions délicates.

Le cas qui se présentait le plus fréquemment était celui où les femmes mariées se portaient cautions ou intervenaient d'une manière quelconque pour leur mari; le dissentiment dut être vif à cet égard,

et quelques-uns craignaient peut-être que les maris
n'arrivassent par ce moyen détourné du cautionnement de la femme, à reconquérir sur la fortune de
cette dernière, des pouvoirs qu'il avait perdus. Un
édit d'Auguste, renouvelé ensuite par Claude (l. 2.
ad Senatus-consultum Velleianum, 16, 1,) met fin à
cette alternative, et la défense : *Ne fœminæ pro
viris intercederent*, fut proclamée.

Ces édits ne prohibaient que les intercessions des
femmes pour leurs maris : la jurisprudence les
étendit aux autres cas d'intercession, et bientôt un
sénatus-consulte, rendu dans les premiers temps de
l'Empire, consacra cette interprétation de la jurisprudence ; c'est le sénatus-consulte Velléien ; l'époque précise à laquelle il remonte n'est pas connue,
il est seulement certain qu'il n'est pas antérieur au
règne de Claude, ni postérieur à celui de Vespasien
(l. 2, § 1, 16-1) loi 16, § 1, *eodem titulo*, et l. 2,
§ 47 (1-2.)

Voici le texte de ce sénatus-consulte, tel qu'il
nous a été conservé par Ulpien (l. 2, § 1, D. h. t.)

Quod Marcus Silanus et Velleius tutor consules verba fecerunt de obligationibus fœminarum quæ pro aliis reæ fierent, quid de ea re fieri oportet, de ea re ita consuluerunt : quod ad fide-jussiones et mutui dationes, pro aliis quibus intercesse-

Attendu que Marcus, Sila-nus et Velleius tutor, consuls, nous ont soumis, concernant les obligations des femmes qui se constitueraient débi-trices pour d'autres, une pro-position réglant ce qu'il faut décider à ce sujet, nous y avons ainsi statué par déli-

rint feminæ, pertinet; ta-
metsi ante videtur ita jus
dictum esse, ne eo nomine
ab his petitio, neve in eas
actio detur, cum eas viri-
libus officiis fungi et ejus
generis obligationibus obs-
tringi non sit æquum, arbi-
trari senatum recte atque
ordine facturos, ad quos de
ea re in jure aditum erit, si
dederint operam, ut in ea re
senatus voluntas servetur.

hération ; en ce qui touche
les fidéjussions et les emprunts pour d'autres, par
lesquelles les femmes inter-
céderaient, quoique déjà auparavant le droit semble
avoir été fixé en ce sens que
l'on ne donne contre elles à
ce titre, ni action réelle, ni
action personnelle, puisqu'il
n'est pas juste que les femmes remplissent des charges
viriles et soient liées par des
obligations du même genre,
le sénat estime que ceux devant qui on se présentera en
justice en pareil cas, agiront
sagement et régulièrement,
en veillant à ce que la volonté du Sénat sur ce point,
soit observée.

Le sénatus-consulte n'empêche pas la femme de
s'obliger pour elle-même ; l'obligation qu'il interdit
de contracter est l'obligation pour autrui, c'est-à-
dire d'après l'expression des jurisconsultes, l'intercession.

A la seule lecture de son texte, on serait tenté de
voir son origine et son fondement dans une pensée
politique ; le Sénat a sous les yeux la vieille constitution romaine et il cherche à y revenir : « Puis
qu'il n'est pas juste, dit le sénatus-consulte, que les

femmes remplissent des fonctions civiles et soient
liées par des obligations du même genre. » Plusieurs
lois, et entre autres la loi 2 *de regulis juris* (50-7),
paraissent aussi confirmer cette explication. L'idée
de protection que nous avons énoncée tout à l'heure
ne lui est cependant pas étrangère ; il est même à
croire que plus tard, le côté politique s'effaça
des esprits et qu'on considéra de plus en plus ce
sénatus-consulte comme une faveur. Quoiqu'il en
soit, plusieurs textes font intervenir cette idée. Je
citerai seulement ici les §§ 2 et 3 de la loi 2 D. h. t.
Aussi nous verrons dans le cours de nos développements se dessiner une différence entre le cas où
l'appauvrissement pour la femme est immédiat et
imminent et celui où l'illusion est plus facile, parce
que le dommage est plus éloigné : la femme a-t-on
dit, est prodigue de promesses dont elle ne calcule
pas la gravité : *facilius se obligat mulier, quam
alicui donat* (l. 4, h. t.) : c'est contre cet entraîne-
ment qu'on a voulu la protéger. — « Singulier système, dit M. Troplong, qui permet à une femme de
se ruiner en prodigalités frivoles, et lui défend de
venir au secours de son propre fils par un cautionnement opportun. » — Nous ne pensons point,
quant à nous, que l'on puisse justifier rationnelle-
ment une incapacité juridique que l'on imposerait à
la femme, en se fondant sur l'unique raison de son
sexe.

Ayant ainsi exposé l'origine du sénatus-consulte

Velléien, nous avons à nous demander maintenant quelle est l'étendue de la règle qu'il consacre, par conséquent quand il y a intercession ; nous étudierons les cas exceptionnels d'intercession où il n'est pas applicable ; nous verrons enfin quels sont ses effets, soit qu'ils résultent directement de ses termes, soient qu'ils aient été introduits par le préteur comme une conséquence équitable. Dans un dernier chapitre, nous exposerons les innovations de Justinien.

CHAPITRE II

DE L'APPLICATION DU SÉNATUS-CONSULTE VELLÉIEN.

§ I. — *A quelles personnes, pour quels débiteurs, envers quels créanciers le sénatus-consulte défend d'intercéder.*

1° Le sénatus-consulte défend d'intercéder à toutes les femmes ; il ne fait pas de distinction. Les textes emploient d'une manière fort générale ces expressions : *feminæ, mulieres*. Ce n'est donc plus seulement, comme sous Auguste, aux femmes mariées que s'applique la prohibition.

2° La femme ne peut s'obliger pour aucun débiteur. De là il suit qu'elle ne le peut ni pour son mari, ni pour son père, ni pour ses enfants (l. 2. § 5. D.

h. t.) ni pour un pupille, ni pour un mineur de vingt-cinq ans, (l. 8 § 15 D.) il en est d'autres exemples.

3° Enfin il n'y a pas à se préoccuper de la personne du créancier : la femme ne peut s'obliger pour autrui envers aucun créancier. La loi 27, § 1, fait une application de ce principe au cas où des esclaves préposés au commerce de leur maître ont accepté une femme pour débitrice, à la place d'un tiers avec qui ils avaient conclu l'affaire. La femme pourra repousser l'action du maître par l'exception du sénatus-consulte.

§ 2. — *A quels actes le sénatus-consulte est applicable.*

Ce sénatus-consulte prohibe toute intercession des femmes (l. 1, pr. D. h. t.)

Qu'est-ce qu'une intercession?

C'est la convention par laquelle on se charge volontairement, vis-à-vis du créancier, de l'obligation d'autrui, que cette obligation soit civile ou naturelle.

L'intercession se présente sous deux aspects différents, que la femme : *suscipit in se veterem obligationem*, ou bien *suscipit novam obligationem* suivant qu'elle prend à sa charge une obligation préexistante, ou qu'elle prend pour le compte d'autrui une obligation qui n'existe pas encore (L. 18. C. h. t.)

I. — La femme se charge d'une obligation ancienne, c'est-à-dire précédemment contractée par
un autre débiteur, soit en participant à son obligation, soit en la transportant sur elle-même.

1° La femme participe à l'obligation d'autrui et
s'y joint:

a. Lorsqu'elle s'oblige solidairement avec une
autre personne: nous verrons plus loin que le sénatus-consulte n'est pas applicable quand l'intérêt personnel de la femme est entré comme mobile de son
engagement;

b. Lorsqu'en vertu du pacte de constitut elle
s'engage pour le compte d'autrui à payer à jour fixe,
soit ce qui est du par le débiteur, soit tout autre
chose.

c. Lorsqu'elle se porte fidéjusseur.

d. Quand elle constitue un gage ou une hypothèque pour la dette d'autrui (l. 8. pr. D.)

e. Quand elle renonce à son rang d'hypothèque;
ceci résulte clairement de la loi 17. § 1. D. h. t.
Toutefois nous verrons que la renonciation à une
hypothèque, la remise d'un gage ne constituent pas
une *intercessio* (l. 8. D.) Cette différence s'explique
aisément. Dans le premier cas, la femme fait un
sacrifice dont elle n'aperçoit pas clairement l'étendue; l'illusion est possible : dans le second au contraire, le sacrifice est évident pour elle. Or, l'esprit
du sénatus-consulte est précisément de la garantir
contre le danger de ces entraînements irréfléchis.

f. Quand elle se porte *procurator ad agen-
dum ;* car elle est alors obligée de donner la caution *de rato* c'est-à-dire de s'obliger par voie de
satisdatio soit devant le préteur, soit devant le
juge, à procurer au défendeur la ratification du
dominus litis.

2° La femme transporte sur elle-même une obligation préexistante :

Dans le cas d'expromission, c'est-à-dire de toute
novation s'opérant par changement de débiteur; le
véritable débiteur est alors libéré ; en son lieu et
place s'oblige l'intercédant.

L'expromission, prise dans le sens large, comprend : l'expromission proprement dite, espèce de
novation qui a lieu quand l'intercédant se présente
spontanément et sans mandat du débiteur primitif;
la délégation, espèce de novation qui a lieu quand
l'intercédant s'oblige par suite d'un mandat que lui
a donné le débiteur primitif; le compromis fait par
la femme au nom d'un autre (1. 32, § 2, D. de *re-
ceptis,* 4-8); la *Defensio proalio,* 1. 2, § 5, h. t.;
le débiteur pour lequel défend la femme est, en ce
cas, libéré par la *litis contestatio* (1. 23, D. 46, 3);
la réponse à une *interrogatio in jure,* par laquelle
l'intercédant se serait chargé d'une dette dont un
autre était tenu (1. 23 et 26, h. t.)

II. — La femme se charge, par intercession,
d'une obligation nouvelle dans deux cas :

a. Lorsqu'elle donne mandat à une personne de
prêter de l'argent à une autre.

b. Lorsqu'elle intervient dans un prêt d'argent; il faut supposer que la femme emprunte de l'argent en apparence pour elle, mais en réalité pour le prêter à un tiers; en d'autres termes, elle s'interpose entre le créancier et une personne qui voulait emprunter de l'argent à ce créancier (l. 11, D.); il faut aussi, pour que le sénatus-consulte soit applicable, qu'il y ait collusion du créancier (l. 12.) Généralisant ce cas, je dirai qu'il y a intercession de la part de la femme, quand elle contracte, en qualité de personne interposée pour un autre auquel le bénéfice de l'opération appartient en définitive, mais qui est ainsi dispensé de contracter lui-même l'engagement. Il y a intercession déguisée; c'est un des cas où il faut la collusion du créancier pour rendre l'engagement inefficace; c'est ce que disent la loi 19 au Code, et plusieurs autres textes où nous trouvons des exemples de cette intercession (LL. 8, § 14 et 15; 11, 12, 28 § 1, et 29 pr. D. h. t.)

§ 3. — *Dans quels cas le sénatus-consulte n'est pas applicable.*

1. — Généralités.

Les prohibitions du sénatus-consulte ne frappent que l'opération juridique qui est une *intercessio*: tout acte qui ne réunit pas les caractères d'une *intercessio* est donc soustrait à son application.

Il faut, pour qu'il y ait *intercessio*: 1° que l'intercédant s'oblige; 2° qu'il contracte une obligation
ayant pour objet l'intérêt d'autrui seulement;
3° qu'il traite avec le créancier. Quand la femme
fera un acte qui ne remplit pas ces trois conditions,
elle ne pourra se prévaloir du sénatus-consulte.

Il est cependant certains cas qui réunissent ces
trois caractères, et qui ne tombent pas sous son application, rappelons-nous, en effet, que son double
but a été d'écarter les femmes de la participation
aux affaires d'autrui, et de les protéger contre la
confiance trompeuse où elles seraient de n'avoir
rien à débourser. Ainsi, non-seulement quand l'acte
fait par la femme n'a pas les caractères ci-dessus,
mais encore quand il échappe à l'un ou l'autre de
ces deux buts, nous dirons qu'il n'y a pas *intercessio* dans le sens du sénatus-consulte Velleien.

Il est enfin plusieurs cas *d'intercessio* dans lesquels par exception, le sénatus-consulte cesse de
recevoir son application.

Quelques mots de développements sur ces diverses
propositions.

**II. — Des cas où il n'y a pas d'*intercessio* entendue dans le sens
du sénatus-consulte.**

1° Il n'y a pas *intercessio*, si la femme n'oblige
ni sa personne ni sa chose. Aussi l'aliénation lui est
permise: *Facilius mulier se obligat quam alicui
donat* dit Ulpien (l. 4. § 1, D.) ; la femme qui aliène
peut apprécier toutes les conséquences d'un dépouil-
lement actuel.

Elle peut donc payer pour le compte d'autrui (l. 4, § 1. D.) faire une *datio in solutum* (l. 5) déléguer son propre débiteur au créancier de quelqu'un; c'est encore comme si elle faisait un paiement (l. 5 et l. 8, § 5) : faire une donation (l. 4, § 1); faire remise au débiteur de ses gages et de ses hypothèques (l. 8 pr. D. l. 21 C.) La solution de la loi 8 pr. D. devrait être donnée, lors même que le débiteur serait le mari, et que le mariage subsisterait encore (l. 11 C. h. t.) D'après la l. 18 *quæ in fr. cred.* D. 42, 8, cette renonciation à un gage ou à une hypothèque lui garantissant sa dot, n'était pas même une donation entre époux.

2° Il n'y a pas d'*intercessio*, si la femme ne devient pas débitrice d'une obligation étrangère. Si la femme a pris à sa charge une obligation qu'un tiers voulait contracter lui-même et que ce soit son intervention qui l'ait empêché de contracter, il y a *intercessio*, mais si elle emprunte de l'argent dans le but prémédité de le consacrer à l'usage d'autrui, si elle loue sa maison avec l'intention d'affecter les loyers au même usage, sans que le tiers auquel elle veut être utile ait jamais eu la pensée de s'obliger lui-même, il n'y a pas d'intercessio (l. 13, C. h. t.).

Ce que la loi veut, c'est qu'elle ne se charge point d'une dette pour qu'un autre en soit libéré ou soit dispensé de la contracter. La loi 19, § 1, D., nous présente cet exemple; un homme meurt laissant deux enfants, l'un impubère, l'autre majeur, qui se

trouvait être tuteur légitime de son frère. Ce tuteur
voulait renoncer à la succession de son père, mais il
fut chargé par la mère du pupille d'accepter, ayant
fait seulement renoncer le pupille. S'il est actionné par le pupille, il pourra se retourner contre
la mère, qui lui a donné mandat d'agir ainsi, et ne
sera pas repoussé par l'exception du sénatus-consulte Velléien. La femme n'intercéderait pas en
s'obligeant avec un autre comme débitrice solidaire
ou corréale, si elle le faisait pour se procurer un
avantage ou éviter une perte équivalant au montant
de la dette qu'elle contracte, car, en agissant ainsi,
elle ne se chargerait pas d'une obligation étrangère.

3° Il faut enfin, pour qu'il y ait *intercessio*, que
la femme traite avec le créancier; *intercedere*, c'est
cedere inter, intervenir entre le débiteur et le
créancier; or, quand on ne s'oblige pas vis-à-vis du
créancier, on ne se porte pas intermédiaire entre
le débiteur et lui; il est difficile, disent les jurisconsultes romains, de concevoir qu'une femme s'oblige
pour quelqu'un vis-à-vis de lui-même: *Quando*
vix sit ut aliqua apud eumdem pro ipso inter-
cessione intelligi possit (l. 19 pr. D.) Y a-t-il là
une subtilité des jurisconsultes romains? Je ne puis
que constater leur décision, car nulle part nous
n'avons une définition bien précise de l'*intercessio*.
Les textes eux-mêmes sont loin d'être formels, et
les jurisconsultes n'y parlent pas sans hésitation:
« *Quando vix sit,* » dit la loi 19; elle n'affirme pas

3

que le cas qu'elle expose n'est pas une intercession, elle dit qu'il serait difficile de le concevoir.

Les textes appliquent ce principe au cas où on promet au *débiteur* de payer ses dettes (l. 19 pr. et et § 2) Si les créanciers avaient par une fraude de leur part, été la cause de l'acceptation de la femme, elle aurait, pour ainsi dire, traité avec eux, il y aurait lieu à l'application du sénatus-consulte. On peut comprendre aussi le cas d'adition d'hérédité dans celui où la femme fait sa propre affaire en s'obligeant : cas sur lequel nous allons insister.

4° Lorsque la femme qui contracte en apparence pour le compte d'autrui en prenant à sa charge une obligation étrangère, fait en réalité sa propre affaire en agissant ainsi ; le sénatus-consulte n'est pas applicable, car son but a été d'écarter les femmes de la participation aux affaires d'autrui. Il a été aussi de les sauvegarder contre les entraînements de services inconsidérés qu'elles croient pouvoir rendre sans préjudice pour elles.

La loi 21, § 1, nous présente l'hypothèse où la femme s'oblige *animo donandi*, par exemple, pour soustraire son père aux poursuites de ses créanciers ; dans cette hypothèse où il s'agit de son père, on peut d'abord dire que le sénatus-consulte n'est pas applicable, parce qu'elle fait pour ainsi dire sa propre affaire en accomplissant ce devoir de piété.

Et puis, comme elle s'oblige *animo donandi*, *(si quid liberaliter fecerit)*, elle n'a pas l'illusion

de croire que son obligation ne lui coutera rien ; elle
ne contracte pas avec l'espoir de ne contracter que
pour la forme. Voilà pourquoi le sénatus-consulte
ne la protège pas.

La loi 24, pr. D. nous dit qu'une femme débitrice
peut valablement, lorsqu'elle est déléguée par son
créancier au propre créancier de celui-ci , s'obliger
envers ce dernier, car elle est ainsi libérée vis-à-vis
du déléguant : elle fait sa propre affaire , mais elle
intercéderait au contraire, si elle s'obligeait envers
le créancier de son créancier sans être déléguée, car
elle ne se libérerait point.

La femme fait encore sa propre affaire quand elle
a été indemnisée de l'obligation qu'elle a contractée
pro alio, soit à l'avance (l. 22. D.) soit après s'être
obligée; mais avant d'être poursuivie (l. 16. pr. D.)
soit à l'instant même où elle contracte son obligation (l. 23. pr. C.) D'après cette dernière loi, si un
acte public , signé de trois témoins et rédigé pour
constater l'intercession , déclare que la femme a
reçu quelque chose, cette mention doit être réputée
vraie d'une manière absolue.

III. — Des exceptions au sénatus-consulte.

Il y a des cas où tous les éléments de l'*intercessio* se trouvent réunis et où le sénatus-consulte, par
exception n'est pas applicable. Ces causes d'exceptions, sont tirées soit de la cause de l'intercession,

soit de la position du créancier, soit du fait-même
de la femme. La première a surtout des applications
du temps de Justinien : nous y reviendrons plus
tard. Examinons donc quelques-uns des cas où s'appliquent ces dérogations.

1° Le créancier vis-à-vis duquel la femme a intercédé est un mineur de vingt-cinq ans. Le mineur
n'a pas à souffrir de l'application du sénatus-consulte, si le débiteur primitif est solvable, car si la
femme ne s'est obligée que comme caution, le mineur s'adressera au premier débiteur qui le paiera,
et si la femme s'est obligée au lieu et place du pre-
débiteur, le mineur auquel elle opposera le sénatus-
consulte se fera restituer *in integrum* et recou-
vrera sa première créance. Il n'en est pas de même
au cas où le débiteur primitif est insolvable, si l'on
donnait même dans ce cas à la femme l'exception
du sénatus-consulte, le mineur serait lésé ; son intérêt a été préféré à celui de la femme; elle ne
pourra point se prévaloir de son incapacité contre
lui. L. 12. D. (4-4.)

2° Le sénatus-consulte ne peut pas être opposé au
créancier de bonne foi. J'entends ici par bonne foi
du créancier l'état de celui qui n'a pas su qu'il y avait
une intercession prohibée : il faut cependant quelque
chose de plus pour que le sénatus-consulte ne soit
pas applicable, il faut que l'erreur du créancier soit
excusable.

Les lois 4 pr. 11, 27 D. donnent des exemples de

cas où le créancier est de bonne foi : nous y ....
entre autres le cas d'emprunts contractés par la
femme qui paraît contracter pour elle, tandis qu'elle
le fait en réalité pour prêter la somme à un tiers en
l'empêchant de s'obliger lui-même vis-à-vis du prêteur : la plupart du temps, le créancier croira que la
femme s'engage pour son propre compte, et l'impossibilité dans laquelle il se sera trouvé de s'enquérir du véritable état des choses sera pour lui une
excuse légitime. Mais s'il a su que la femme faisait
une intercession, le sénatus-consulte reprend son
empire (l. 12, D.) « *immo tum locus est senatus-*
consulto quum scit eam intercedere. »

On sait que le *procurator ad defendum* est
obligé de donner la caution *judicatum solvi*, avec
garantie de fidéjusseurs; si ces fidéjusseurs s'obligent en vertu d'un mandat que leur donne une
femme, quand ils seront poursuivis par les créanciers, pourront-ils invoquer du chef de cette dernière l'exception du sénatus-consulte? Les créanciers pourront, dit la loi 6 au D. opposer une réplique de dol à l'exception du sénatus-consulte, et
alléguer qu'il y a eu mauvaise foi de la part des fidéjusseurs de ne pas les avertir qu'ils étaient délégués
par une femme.

Lorsqu'une femme est déléguée comme étant
débitrice du déléguant, alors qu'elle ne l'est pas,
la bonne foi du créancier délégataire qui alléguera
son ignorance ne le mettra pas à l'abri du sénatus-

consulte, car il sera inexcusable de ne pas s'être informé si la dette existait réellement ; son ignorance sur l'ignorance d'une intercession ne suffira pas pour le protéger. (L. 17 pr. D.)

3° Dans la loi 3 au code (5-46) Dioclétien et Maximien indiquent un cas où, malgré le sénatus-consulte, une femme serait obligée ; c'est lorsqu'une mère ayant voulu que le tuteur qu'elle offrait pour ses enfants fut nommé, le décret du préteur porte qu'il a été nommé aux risques et périls de la mère ; elle est donc dans ce cas, tenue envers le pupille de l'obligation dont elle s'est chargée pour le tuteur ou pour les magistrats subsidiairement responsables. Il est juste que les magistrats ne soient pas victimes de l'erreur où cette mère les aurait fait tomber.

4° Lorsqu'elle intercède pour une cause pieuse, le sénatus-consulte n'est pas applicable. C'est une de ces exceptions que Justinien étendra plus tard par faveur pour la cause qui en est l'objet. On peut dire aussi que la femme fait en quelque sorte son affaire, car il y a un devoir de conscience de la part de la femme à intervenir dans les cas que nous citent les textes. Le préteur, dit la (loi 3 § 2 et 38, 40-12) peut, *cognita causa*, admettre une femme à défendre en justice pour son mari ou pour un de ses cognats dans un procès sur leur qualité d'esclave ou d'affranchi, s'il ne se présente aucune autre personne pour jouer le rôle de défendeur. Il peut encore l'admettre à défendre en justice, à cette même condition qu'il ne se présente pas d'autre défendeur, dans un procès quelconque, pour ses ascendants lorsqu'ils sont empêchés par l'âge ou la maladie. (l. 41 D. 3-3).

5° Quand la femme commet un dol en intercédant, elle ne peut invoquer le sénatus-consulte : elle a, par des manœuvres frauduleuses, cherché à tromper le créancier sur son *intercessio* : le secours du sénatus-consulte lui fera défaut : « *Decipientibus mulieribus senatus-consultum auxilio non est; infirmitas enim foeminarum non calliditas auxilium demit.* » (l. 2. § 3. D. h. t.)

6° Le sénatus-consulte cesse de pouvoir être opposé au créancier de l'ancien débiteur libéré par l'intervention de la femme, et la femme perd le droit d'opposer son moyen de défense :

a Lorsqu'elle succède au débiteur pour lequel elle est intervenue et prend ainsi sa place (l. 8 § 13 D.)

b Lorsqu'après s'être obligée, mais avant d'être poursuivie, elle a été indemnisée de l'obligation qu'elle a contractée par celui pour lequel elle est intervenue (l. 16. pr. D.)

7° La femme, peut dans deux cas renoncer au bénéfice du sénatus-consulte :

a Lorsque mère ou aïeule, elle peut obtenir la tutelle de ses descendants (L. 3. C. 5-35).

b Lorsqu'après avoir intercédé pour quelqu'un, la femme se présente en justice pour défendre le débiteur pour lequel elle a intercédé, et qui est attaqué par le créancier; avant d'aller *in jus*, le créancier exige qu'elle lui donne caution, de ne pas demander au magistrat, dans la formule, *l'exceptio senatus-consulti Velleiani* ; la femme se prive alors valablement du bénéfice de cette exception (L. 32. § 4. D.)

Nous ne généraliserons pas les deux dernières exceptions que nous venons d'exposer; nous ne dirons pas, comme l'ont proposé de savants auteurs, que la femme pouvait toujours renoncer à l'avance au bénéfice du sénatus-consulte. Si cette opinion était admise, en effet, la prohibition qu'il édictait eut été éludée avec la plus grande facilité; car avant d'accepter la femme comme intercédante, le créancier n'eut pas manqué de lui demander une renonciation à la faveur du sénatus-consulte, et la même illusion contre laquelle on a voulu la protéger en lui défendant d'intercéder, l'eut engagée à renoncer à une faveur dont elle aurait cru n'avoir jamais occasion de faire usage dans l'avenir. Nous avons vu aussi que le sénatus-consulte était basé sur un motif d'ordre public, qui voulait qu'on écartât les femmes de ce que l'on considérait comme un *officium virile*. Elles ne pouvaient donc y renoncer. On comprend, du reste, qu'il y a une situation particulière dans les deux exceptions formulées; dans la première, on voulait favoriser la tutelle de l'aïeule, parce qu'on la jugeait la meilleure pour les intérêts du pupille; dans la deuxième, on conçoit que l'on dition qu'il ne se présente pas d'autre défendeur, dans un procès quelconque, pour ses ascendants lorsqu'ils sont empêchés par l'âge ou la maladie. (l. 41 D. 3-3).

5° Quand la femme commet un dol en intercédant, elle ne peut invoquer le sénatus-consulte : elle a, par des manœuvres frauduleuses, cherché à tromper le créancier sur son *intercessio* : le secours du sénatus-consulte lui fera défaut : « *Decipientibus mulieribus senatus-consultum auxilio non est ; infirmitas enim foeminarum non calliditas auxilium demit.* » (l. 2. § 3. D. h. t.)

6° Le sénatus-consulte cesse de pouvoir être opposé au créancier de l'ancien débiteur libéré par l'intervention de la femme, et la femme perd le droit d'opposer son moyen de défense :

a Lorsqu'elle succède au débiteur pour lequel elle est intervenue et prend ainsi sa place (l. 8 § 13 D.)

b Lorsqu'après s'être obligée, mais avant d'être poursuivie, elle a été indemnisée de l'obligation qu'elle a contractée par celui pour lequel elle est intervenue (l. 16. pr. D.)

7° La femme, peut dans deux cas renoncer au bénéfice du sénatus-consulte :

a Lorsque mère ou aïeule, elle peut obtenir la tutelle de ses descendants (L. 3. C. 5-35).

b Lorsqu'après avoir intercédé pour quelqu'un, la femme se présente en justice pour défendre le débiteur pour lequel elle a intercédé, et qui est attaqué par le créancier; avant d'aller *in jus*, le créancier exige qu'elle lui donne caution, de ne pas demander au magistrat, dans la formule, *l'exceptio senatus-consulti Velleiani ;* la femme se prive alors valablement du bénéfice de cette exception (L. 32. § 4. D.)

Nous ne généraliserons pas les deux dernières exceptions que nous venons d'exposer; nous ne dirons pas, comme l'ont proposé de savants auteurs, que la femme pouvait toujours renoncer à l'avance au bénéfice du sénatus-consulte. Si cette opinion était admise, en effet, la prohibition qu'il édictait eut été éludée avec la plus grande facilité; car avant d'accepter la femme comme intercédante, le créancier n'eut pas manqué de lui demander une renonciation à la faveur du sénatus-consulte, et la même illusion contre laquelle on a voulu la protéger en lui défendant d'intercéder, l'eût engagée à renoncer à une faveur dont elle aurait cru n'avoir jamais occasion de faire usage dans l'avenir. Nous avons vu aussi que le sénatus-consulte était basé sur un motif d'ordre public, qui voulait qu'on écartât les femmes de ce que l'on considérait comme un *officium virile*. Elles ne pouvaient donc y renoncer. On comprend, du reste, qu'il y a une situation particulière dans les deux exceptions formulées; dans la première, on voulait favoriser la tutelle de l'aïeule, parce qu'on la jugeait la meilleure pour les intérêts du pupille; dans la deuxième, on conçoit que l'on n'ait pas voulu protéger la femme, car, au jour où le débiteur est actionné, elle ne peut plus se faire illusion ; si elle accepte de le défendre, elle subira les conséquences qu'elle a dû prévoir. Aucun texte enfin ne pose la renonciation de la femme, comme un principe général, et il serait étonnant qu'un principe si important eût été sous-entendu dans les lois 32. § 4. D. et 3. C. 5-15.

CHAPITRE III.

§ I. — *Généralités.*

Le sénatus-consulte Velléien soustrait la femme
à l'obligation dont elle s'est chargée *pro alio*. A cet
effet, toute action sera refusée au créancier contre
la femme ou contre les personnes qui, de son chef
peuvent invoquer le bénéfice du sénatus-consulte ;
ou du moins dans le cas où le préteur donnera une
action contre elle, il y insérera *l'exceptio senatus-
consulti Velleiani*. Enfin, on donnera dans certaines circonstances, à la femme qui se sera déjà
acquittée de l'obligation, une *condictio indebiti*,
ou une action en revendication du droit réel, ou de
la chose qu'elle aurait concédée.

Cette *condictio indebiti* que l'on accorde à la
femme, nous montre que le sénatus-consulte Velléien ne laisse pas même subsister d'obligation
naturelle. Mais je reviendrai sur ce point dans un
paragraphe spécial.

Quoi qu'il en soit, les différents droits que le
sénatus-consulte accorde à la femme, sont faculta-
tifs et non obligatoires; la femme est libre de ne point

se soustraire à l'action, de ne point opposer l'exception ou la réplique, de ne point exercer de *condictio
indebiti* ou de revendication (L. 31. D. H. T.)

Tels sont les effets du sénatus-consulte à l'égard
de la femme ; mais il eut été quelquefois injuste si
on s'en était tenu là. En dépouillant ainsi le créancier avec lequel la femme a traité, le résultat défi-
nitif eut été quelquefois d'enrichir le débiteur pour
lequel la femme a intercédé, aux dépens de son
créancier.

Aussi le préteur est venu combler les lacunes de
la loi en restituant au créancier, contre son débiteur
primitif l'action qu'il avait perdue, par l'intercession
de la femme. Ce créancier aurait en effet, à souffrir,
si d'un côté il pouvait être repoussé par la femme,
et si d'autre part il n'avait pas d'action contre son
ancien débiteur, ou contre le tiers qui s'est effacé
derrière l'interposition de la femme, lorsqu'il y a eu
intercessio déguisée. Il n'a pas, au contraire,
éprouvé de préjudice lorsque le débiteur n'a pas
été libéré par l'*intercessio* de la femme.

Nous avons ainsi exposé l'idée générale que nous
devons nous faire des effets du sénatus-consulte
Velleïen ; nous allons maintenant présenter quelques développements sur chacun d'eux.

§ II. — *Effets du sénatus-consulte, par rapport
à la femme et aux personnes qui peuvent, de
son chef, invoquer le bénéfice de ce sénatus-
consulte.*

I. — Du refus d'action.

Si dans l'instance *in jure*, le créancier conteste
que la femme ait fait une intercession, ou s'il prétend qu'elle se trouve dans un des cas *d'intercessio*
où le sénatus-consulte n'est pas applicable, le préteur
lui donnera une action, mais il insérera l'exception
dite *senatus-consulti Velleiani*. Mais si cette contestation n'est pas élevée par le créancier qui reconnaît que la femme a intercédé, qu'elle n'est pas
dans un des cas d'exception au sénatus-consulte, le
préteur refusera à ce créancier toute action. C'est
de ce refus radical qu'il est parlé dans le sénatus-consulte lui-même, lorsqu'il défend de donner contre
la femme soit une action réelle, soit une action personnelle : « *Ne eo nomine ab his petitio neve in
eas actio detur.* »

II. — De l'exception du sénatus-consulte Velléien et de la réplique.

a Je viens de dire dans quel cas un moyen de
défense était donné par le préteur dans la formule
qu'il délivrait ; ce moyen de défense se présente à

nous dans les textes, sous forme d'exception ou sous forme de réplique. Il y aura réplique, lorsque l'exception même se présentera, à cause des circonstances, sous forme de réplique à une autre exception : la femme a, par exemple, constitué un gage pour sureté de la dette d'autrui ; elle le revendique contre le créancier gagiste ; si celui-ci lui oppose l'exception tirée de la constitution de gage, elle lui répondra par la *replicatio senatus-consulti Velleiani* :

b Caractères de *l'exceptio senatus-consulti Velleiani* :

1° Cette exception est perpétuelle. Elle a même ce caractère particulier, qu'à la différence des autres exceptions perpétuelles, elle pourra être opposée, même après que la sentence a été rendue et alors qu'on en poursuit l'exécution. (l. 11 D. 16-6).

On sait qu'il n'en est pas ainsi des autres exceptions perpétuelles ; lorsqu'un défendeur a, par erreur, omis de faire insérer dans la formule l'exception qui le protégeait, il peut, si cette exception est perpétuelle, se faire restituer *in integrum* contre la formule et y faire substituer une autre formule, dans laquelle figurera l'exception ; mais il doit, en général, le faire avant la condamnation (l. 8. C. 8-36).

2° L'exception du sénatus-consulte Velléien est attachée non pas à la personne, mais à la chose ; elle est *rei cohærens* (l. 7. § 1. D. 44-1) ; cela signifie, dit Doneau qu'elle n'est pas donnée aux femmes parce qu'elles sont femmes, mais bien parce qu'elles ont intercédé ; la conséquence de ce caractère de l'*exceptio* est qu'elle est donnée non-seulement à la femme, mais encore à quiconque est obligé par suite de l'intercession. C'est ce que nous allons voir en nous demandant quelles personnes peuvent l'invoquer.

c A qui est donnée cette exception ?

Elle peut être invoquée non-seulement par la femme, mais encore 1° par ses héritiers (l. 20. C. h. t.) 2° par ses mandataires (l. 15. C.) 3° par ses fidéjusseurs (l. 14) Caïus Cassius prétendait distinguer et accorder au fidéjusseur l'exception du sénatus-consulte, dans le cas où il pourrait avoir un recours contre la femme par l'action de mandat; mais il voulait, au contraire, la lui refuser dans le cas où s'étant obligé *animo donandi*, il avait abdiqué à l'avance toute idée de recours. Julien dans la loi 16. §1. repousse cette distinction en se basant sur ce que le sénatus-consulte *totam obligationem improbat*, et ne laisse pas même subsister une obligation naturelle; il donnait donc l'exception aux fidéjusseurs dans tous les cas;

4° Elle peut être invoquée par un tiers qui a hypothéqué sa chose pour garantir l'obligation de la femme qui a intercédé (l. 2. D. 20-3);

5° Par le délégué de la femme, alors qu'il n'était pas le débiteur de celle-ci (l. 8. § 4. D. h. t.)

6° Par le fidéjusseur du débiteur principal, mais

à deux conditions ; qu'il se soit obligé sur le mandat de la femme, ce qui constitue une intercession déguisée, et que le créancier n'ait pas eu connaissance de ce mandat, c'est-à-dire n'ait pas été de mauvaise foi (l. 32, § 3, D.)

d. A qui l'exception du sénatus-consulte Velléien peut-elle être opposée ? Elle peut l'être à toute personne voulant exercer une action dont la cause se trouverait dans l'intercession de la femme. Donc elle peut être opposée, non-seulement au créancier lui-même vis-à-vis duquel la femme a intercédé, mais encore au fidéjusseur de la femme et à toute personne exerçant contre la femme une action *negotiorum gestorum* ou *mandata contraria* (l. 7 et 32, § 3, au Dig. h. t.); soit, enfin, par celui qui la poursuit par l'action *ex stipulatu*, dans les circonstances indiquées à la l. 19, § 5, et qu'Africain assimile au fidéjusseur de la femme.

III. — De la condictio indebiti et de la revendication.

a. De la *condictio indebiti*. — La femme qui a payé ce à quoi elle s'était obligée, dans l'ignorance de l'exception perpétuelle que lui donnait le sénatus-consulte, peut répéter ce paiement (l. 9, C. h. t.)

Si, au lieu de payer, la femme avait délégué son débiteur pour accomplir son obligation, il y aurait encore lieu à la *condictio indebiti* dans le cas où elle l'aurait fait dans l'ignorance de l'exception (l. 8, § 3, D. h. t.)

Si la femme a la faculté d'exercer la *condictio indebiti*, elle n'y est pas obligée. Ainsi si, après s'être obligée pour un autre et avoir payé, elle préfère actionner le débiteur pour qui elle a payé et intenter contre lui l'action de mandat, ou l'action *negotiorum gestorum contraria*, il ne pourra pas la renvoyer à intenter la *condictio indebiti* contre le créancier. Mais dans la crainte qu'elle ne change d'avis et qu'elle ne l'intente ensuite, et que le créancier ne recoure alors contre lui, le débiteur principal pourra exiger qu'elle lui donne caution de l'indemniser, pour le cas où par son fait, elle donnerait naissance à des poursuites ultérieures (l. 31, D. h. t.)

La *condictio indebiti* n'est pas seulement donnée à la femme, mais à tous ceux qui auraient effectué le paiement en exécution de son intercession.

b. De la revendication.—La femme peut revendiquer soit sa chose elle-même, soit le droit réel qu'elle aurait concédé sur sa chose ; elle revendique sa chose lorsqu'elle l'a vendue et livrée en conséquence de son intercession (l. 32. § 2, D. h. t.) ; elle revendique le droit réel qu'elle a concédé lorsqu'elle a obligé sa chose, lorsqu'elle a constitué par elle un droit de gage ou d'hypothèque; elle reprend alors sa chose libre de toute charge. La loi 32 nous dit même que si celui qui a reçu le fonds l'a lui-même

revendu à un tiers, la femme pourra le revendiquer
même contre ce tiers de bonne foi; elle en donne
pour raison que l'acheteur ne peut avoir plus de
droit que son vendeur.

IV. — Le sénatus-consulte Velléien ne permet pas que la femme soit obligée, même naturellement.

La femme qui a intercédé contrairement aux dispositions du sénatus-consulte Velléien n'est pas
même obligée naturellement. *Totam obligationem
senatus improbat.* (L. 16, § 1, D. h. t.) La femme
peut, en effet, exercer la *condictio indebiti*, et elle
n'en aurait pas le droit si elle était obligée naturellement, car c'est un des caractères de l'obligation
naturelle d'empêcher la répétition de ce qui a été
payé par son exécution (LL. 13 et 19 *de cond.
indeb.*, D. 12-6. — L. 10, *de oblig. et act.*
D. 44-7.)

Un des signes principaux de l'existence d'une
obligation naturelle, c'est la possibilité d'une fidé-
jussion. Cependant le fidéjusseur d'une femme intercédante était fondé à opposer l'exception du sénatus-
consulte, se fut-il engagé *donandi animo* (L. 16,
§ 1, D. h. t.)

Enfin la loi 2 *quæ res pign.* D. 20-3, n'admet
pas la validité du gage donné comme garantie de
l'intercession d'une femme. Or, en règle générale,

4

le gage ou l'hypothèque sont valables par cela seul
qu'ils garantissent une obligation naturelle. Il faut
donc nécessairement conclure dans notre matière à
l'absence de toute obligation de ce genre.

Avant de passer aux effets du sénatus-consulte
Velléien à l'égard du créancier, disons quelques
mots de la question de savoir si l'obligation de la
femme, qui a intercédé pour autrui, est éteinte
ipso jure ou seulement *exceptionis ope*. J'ai déjà
tranché implicitement cette question en indiquant
comme effet naturel et principal du sénatus-consulte
à l'égard de la femme, le refus d'action. Je pense,
en effet, que la femme qui invoque avec succès le
sénatus-consulte Velléien ne reste pas tenue en droit
civil. L'opinion contraire est plus généralement admise.

Pour nous, nos arguments sont dans l'absence
complète de cette prétendue obligation *ipso jure*,
et dans les termes clairs et impératifs dont s'est
servi le Sénat, lui qui fonde le droit civil, et par
conséquent ne doit pas craindre, comme le préteur,
de contredire ses dispositions. Le Sénat ne parle pas
d'exception, et si l'on trouve dans la pratique une
exception du S. C. Velléien, c'est que la question de
savoir si la femme a intercédé n'est pas toujours
claire et facile à résoudre, et que le préteur aime
mieux la renvoyer à l'examen du juge que de la
trancher lui-même.

On arrive, dans l'opinion contraire, à ce résultat

singulier que les effets du sénatus-consulte varieront
d'après les circonstances, d'après la nature même
de l'acte qui constitue de la part de la femme une
intercession prohibée. Car si la femme a intercédé,
par exemple, en s'engageant par un pacte de constitut à payer pour un tiers, à tel jour fixe, ou bien si
elle a hypothéqué son bien, ou bien encore si elle
s'est portée *defensor* pour autrui, dans ces différents
cas, il est bien impossible d'admettre l'existence
d'une obligation civile, puisque le droit civil lui-
même n'admet pas que la femme, pas plus que
toute autre personne puisse ainsi être obligée.

D'ailleurs, est-ce que le préteur est tenu d'attendre
que la femme invoque le S. C. Velléien pour en appliquer les effets ; pas le moins du monde. Nous
verrons, en effet, bientôt qu'il donne au créancier,
dès que celui-ci le demande, l'action qui existait
contre le débiteur originaire avant l'intercession de
la femme ; et il la lui donne alors même que la
femme aurait payé et malgré la présomption qu'on
pourrait tirer de là, pour dire qu'elle n'entend pas
user de la protection du S. C. Enfin, cette action
dite restitutoire, appartient au créancier, alors même
qu'il a libéré la femme par acceptilation, car dit
Ulpien, *inanem dimisit obligationem* L. 8. § 9.
D. H. T.

De plus, les conséquences attribuées par la loi 8
§ 12, à la confusion résultant de ce que le créancier
succède à la femme intercédante, montrent bien

encore qu'il n'y a en droit civil, *ipso jure*, aucune obligation à la charge de celle-ci. Le préteur rend au créancier l'action primitive. De même le créancier héritier de la femme, ne peut pour le calcul de la quarte Falcidie, compter parmi les dettes de la défunte ce qu'elle devait *intercessionis causa*.

Citons encore la loi 48 *de fidejus* D. 46-1, qui ne permet pas au cofidéjusseur de la femme d'invoquer le bénéfice de division, *cum scire potuerit aut ignorare non debuerit mulierem frustra intercedere.*

Le juge peut, comme le préteur, suppléer d'office, l'exception du S. C. Velléien. Cela ne peut paraître douteux, si l'on songe que la femme peut encore opposer l'exception, même après la sentence, pour en empêcher l'exécution. D'ailleurs, si le juge reconnaissait comme valable l'intercession de la femme, il violerait le S. C. et sa sentence n'aurait aucune valeur. (D. 49-1, loi 19 de appell. et relat.)

Un dernier argument qu'on pourrait faire valoir en faveur de l'obligation *ipso jure,* de la femme intercédante, est tiré de la loi 95 § 2, de solut. et liber, d. 46-3, dans laquelle Papinien semble qualifier d'*obligatio civilis*, l'obligation de la femme qui a intercédé et l'assimile à celle dont est tenu le fiduciaire qui a restitué l'hérédité d'après le Trébellien. Mais il suffit d'analyser ce texte avec soin pour se convaincre que l'*obligatio civilis* dont parle le jurisconsulte, c'est l'obligation du débiteur principal à qui la femme succède et qui, lui était tenu *jure*, et non pas une obligation civile qu'on voudrait faire résulter de l'intercession.

§ III. — *Effets du sénatus-consulte par rapport au créancier.*

Nous avons vu que par suite de l'intercession de la femme, le créancier ne perd pas toujours son action contre son débiteur primitif; lorsque la femme vient, en effet, s'obliger concurremment avec celui-ci, le créancier a deux actions; l'action ancienne qu'il conserve, et de plus, une action contre la femme; c'est le cas d'intercession cumulative.

Dans ce cas, si la dette de la femme est annulée pour incapacité, le créancier n'en souffrira pas sans ressource, il agira contre son débiteur comme si aucune garantie nouvelle ne fut venue se joindre à sa créance. Mais il se peut que, par son intercession, la femme ait libéré le débiteur primitif, et dans ce cas si le sénatus consulte Velleien, n'avait d'autre effet que de permettre à la femme de repousser le créancier, celui-ci serait injustement dépouillé; le préteur a remédié à cet inconvénient : il restituait au créancier son action primitive que l'obligation de la femme lui avait fait perdre. Cette action donnée par le préteur à la femme est appelée par les textes, action restitutoire (L. 16 § 1, *in fine* D. H. T. L. 8, §§ 9, 12, 13,) action rescisoire (L. 16, G. H. T.)

actio utilis pristina actio. Il est enfin des cas où la femme ne se charge pas d'une obligation ancienne, mais s'interpose pour un tiers qu'elle dispense ainsi de s'obliger : c'est une intercession déguisée qui ne devient une véritable intercession, ainsi que nous l'avons vu, que par la collusion du créancier ; dans ce cas, il ne peut être question d'une restitution véritable, puis qu'aucune obligation primitive n'existait, mais on obtiendra un résultat analogue par l'institution d'une action contre le tiers, dans le cas où la femme est soustraite à son obligation ; c'est ce que les interprètes ont appelé action institutoire (L. 8 § 14, D.)

Nous avons donc, au sujet de cette restitution, à rechercher son caractère, dans quel cas elle est donnée, à quel moment, à qui et contre qui.

I. — Caractère de cette restitution.

D'après Donneau et Voét, ce serait une véritable *restitutio in integrum* dont la cause n'est pas comprise spécialement dans l'édit, mais se trouve suffisamment autorisée par ces mots : « *Item si qua alia mihi justa causa esse videbitur in integrum restituam.* » L. 1 § 1 in f. Esquib. caus. maj. D. 4-6) Mais ils ne répondent pas aux objections suivantes :

a Le titre *de in integrum restitutionibus* au Digeste, ne fait aucune allusion à la situation du créancier dont il s'agit.

b Aucun texte, en parlant de la restitution d'action accordée à l'occasion du sénatus-consulte Velléien, ne laisse soupçonner que cette restitution soit
précédée de la *causæ cognitio* et se passe en vertu
d'un décret du préteur, comme cela doit avoir lieu
quand il s'agit de *restitutio in integrum* (l. 3 de
in integr. restit. D. 4-1)

c La *restitutio in integrum*, doit, sous peine
de déchéance, être demandée dans un certain délai,
une année utile dans l'ancien droit, quatre ans con-
tinus depuis Justinien. Au contraire l'action restitutoire est perpétuelle, *perpetuo competit*, dit la loi
10 D. h. t.

d La loi 8 § 13 D. indique que le créancier peut
demander la restitution d'action, alors même qu'il
aurait un autre moyen de se faire rembourser, tandis
que l'*in integrum restitutio* est une dernière ressource qu'on ne peut employer qu'en l'absence de
toute autre. (L. 16, pr. de minor. D. 4-4)

e Gaius à la loi 12 de minor. D. qualifie de droit
commun cette restitution d'action, *communi jure
in priorem debitorem actio restituitur*. Or, l'*in
integrum restitutio* est tout-à-fait en dehors du
droit commun, et c'est sous le nom *d'extraordina-
rium auxilium* qu'elle est toujours désignée par
Gaius et par tous les juris consultes.

De l'impossibilité de répondre à cette série d'objections, je conclus qu'il n'y a pas d'*in integrum
restitutio* dans l'action accordée au créancier par

le préteur et qui n'est autre que l'action primitive, *pristina actio* conservée par lui au créancier, malgré la novation qui *jure civili* a libéré le débiteur. On comprend ainsi pourquoi cette action est appelée *utilis* et *restitutoria* ou *rescissoria*, puisqu'elle est introduite par le préteur, qu'elle rend au créancier une action qu'il avait perdue et qu'elle ne tient aucun compte de l'intercession de la femme. C'est ainsi, comme on le voit à la loi 50 *de minor.*, D. 4-4, que le créancier d'un mineur qui s'est obligé pour autrui et a obtenu la *restitutio in integrum*, reçoit une action analogue et se trouve rétabli dans sa situation primitive. C'est ainsi que le préteur accorde une foule d'actions dans des circonstances diverses, notamment dans le cas de la *minima capitis deminutio* frappant un débiteur, comme on peut le voir au § 38 du C. IV de Gaius.

II. — A qui est accordée l'action restitutoire.

On peut dire, en général, que cette action est ouverte à tous ceux à qui la femme peut opposer l'exception du sénatus-consulte Velléien et qui, par conséquent, souffrent de cette exception. Ainsi elle appartient, non-seulement au créancier, mais encore à ses héritiers ou autres successeurs (L. 10, D. h. t.) Cependant l'action n'est pas toujours restituée à chacun des créanciers lorsqu'il y en a plusieurs. Nous en trouvons un exemple dans la loi 8, § 11, D. h. t., pour le cas où il y a deux *rei stipu-*

landi (V. M. Demangeat, *des Obligations soli-
daires,* p. 61). Dans l'espèce prévue par cette loi,
l'un des créanciers n'a aucun droit à la restitution,
puisque le sénatus-consulte n'a jamais pu être
invoqué contre lui.

III. — Contre qni l'action est restituée.

Contre tous ceux qui, suivant les principes de
l'ancien droit, se sont trouvés libérés par l'intercession de la femme. Il en doit être ainsi pour que
le créancier soit remis sous tous les rapports dans la
position où il se trouvait avant cette intercession.
(L. 14 D. h. t.) L'action est donc restituée :

1° Contre l'ancien débiteur principal, *in veterem
debitorem* (L. 1 § 2 D.)

2° Contre les héritiers et autres successeurs du
débiteur (L. 10 D.

3° Contre les fidéjusseurs (L. 14 D.)

4° Contre chacun des *correi promittendi,* soit que
la femme ait intercédé pour tous, ou seulement pour
l'un d'entre eux; car dans ce dernier cas, l'intercession de la femme n'en libère pas moins tous les
autres. (L. 20 D. h. t. et L. 2 *de duobus reis* D.
45-2.)

5° Contre la femme elle-même, si elle a succédé au
débiteur primitif. (L. 8 § 13 D.) La femme peut en
ce cas, être encore poursuivie par l'action directe résultant de son intercession.

6° Contre le maître ou contre le père de l'esclave, ou du fils de famille pour qui la femme s'est obligée (LL. 9 et 32 § 5 D.)

7° Contre celui qui n'a jamais été débiteur parce que l'intercession de la femme l'a dispensé de s'obliger, (L. 8 § 14 D.) Il ne peut y avoir alors une véritable restitution d'action, puisqu'il n'a jamais existé d'action contre la femme. Ainsi le préteur institue ici une action qu'il donne au créancier et qu'on appelle pour cela institutoire, *Instituit magis quam restituit obligationem*, dit Ulpien. Cette action, d'ailleurs, est de la même nature que celle que le créancier aurait eue contre la femme, si elle eut été valablement obligée, *ut perinde obligeris eodem genere obligationis quo mulier est obligata*. Ce serait une action *quasi ex stipulatu*, si la femme avait contracté *verbis* (L. 8 § 4 D.)

IV. — Cas où la restitution d'action n'a pas lieu.

L'action n'est pas restituée au créancier, et par conséquent, le débiteur est définitivement libéré.

1° Dans tous les cas d'exception au S.-C. Velléien, parce qu'alors la femme est obligée efficacement.

2° Lorsque la femme a payé, sachant bien qu'elle pouvait se dispenser de le faire, car dans ce cas il ne lui est pas permis de répéter. (L. 8, § 10, D.)

3° Lorsque la femme renonce au droit qu'elle a d'opposer l'exception du S.-C. et se présente en justice après avoir donné caution au créancier qu'elle n'invoquera pas ultérieurement cette exception. Le débiteur se trouve aussi libéré. (L. 32, § 4, h. t. et l. 23 de solut. D. 46, 3.)

4° Lorsque le créancier ne souffre aucun préjudice à cause de l'exception dont il s'agit. C'est ce qui arrive, par exemple, si le créancier a fait acceptilation à son débiteur à condition qu'il lui fournirait un *expromissor* et si le débiteur a présenté une femme pour s'engager à sa place. Le créancier a bien alors perdu son action primitive, mais il lui est inutile de la recouvrer; il en a une autre, une *condictio ob rem dati, re non secuta*, résultant de ce qu'en réalité le débiteur n'a pas accompli la condition sous laquelle il avait été libéré. *Quid enim interest non det aut talem det?* (L. 8, § 8, h. t. et l. 4 de cond. causa data D. 12-4.)

5° Lorsque l'action, fût-elle restituée au créancier, ne pourrait lui être utile à raison de la qualité de la personne contre qui elle compéterait. On en trouve des exemples à la loi 8, § 15, qui prévoit le cas où une femme a intercédé pour un pupille qui ne pouvait pas s'obliger sans l'autorisation de son tuteur et qui par conséquent ne peut être poursuivi, en supposant toutefois qu'il ne s'est pas enrichi par suite du contrat. —Celui où le débiteur est un mineur de 25 ans qui se trouve dans un des cas où il peut demander et obtenir l'*in integrum restitutio.* —Celui où c'est un fils de famille obligé contrairement aux dispositions du S.-C. Macédonien. Dans ces hypothèses, le créancier est privé de toute espèce de recours tant contre la femme que contre le débiteur primitif. Et c'est à lui seul qu'il doit s'en prendre d'avoir été deux fois imprudent.

On trouve à la loi 13, § 1, D., un cas où le créancier n'a pas besoin de restitution du moins en ce qui concerne l'action hypothécaire qui ne cesse pas d'exister à son profit, l'action principale fut-elle perdue pour n'avoir pas été restituée en temps utile. Ce résultat peut paraître singulier et même contraire à ce principe que l'accessoire ne peut subsister quand le principal n'existe plus. On se l'explique néanmoins si l'on réfléchit que dans le droit romain l'hypothèque a une existence propre, indépendante, et ne s'éteint que dans les cas déterminés par le préteur. *Suas conditiones habet hypothecaria actio, id est, si soluta est pecunia ; aut satisfactum est, quibus cessantibus tenet.* (L. 13, §4, *de pign. et hypoth.* D. 20-1.) Dans l'hypothèse de la loi 13, § 1, le créancier n'a pas été payé et il n'a pas reçu de satisfaction réelle, car l'intercession de la femme est pour lui comme non avenue. L'hypothèque subsiste donc, et il peut exercer l'action réelle qui en résulte comme s'il n'y avait pas eu d'intercession, *quia verum est,* dit Gaïus, *convenisse de pignoribus nec solutam esse pecuniam.*

Il peut même arriver que le préteur, non content d'instituer en faveur du créancier une action nou-

velle, y ajoute encore la garantie d'une action hypothécaire contre une personne qui ne lui a jamais
consenti d'hypothèque (l. 29, pr. D. h. t.)

**V. — A partir de quand et jusqu'à quelle époque l'action restitutoire
peut être exercée.**

Il semble, au premier abord, que le créancier
doive attendre, pour exercer l'action restitutoire,
que la femme ait invoqué le sénatus-consulte, ou,
si elle a payé, qu'elle ait exercé la *condictio indebiti*, ou tout au moins que le terme soit échu ou la
condition accomplie, si l'obligation de la femme intercédante est à terme ou sous condition. Mais si
l'on se rappelle l'inefficacité complète de l'obligation
contractée par la femme, et si l'on réfléchit qu'imposer des délais au créancier, c'est prolonger pour
de simples éventualités l'incertitude dans laquelle
il se trouve, on conclut qu'il vaut mieux permettre
au créancier d'agir par l'action restitutoire, dès qu'il
le veut. C'est ce que décide, en effet, la loi 24, § 2, D.
aux termes de laquelle le créancier peut exercer
l'action restitutoire, *statim*, aussitôt après l'intercession de la femme.

Si l'action éteinte par l'*expromissio* était, de sa
nature, perpétuelle, elle sera restituée au créancier
aussi tard qu'il le voudra (l. 10, h. t.); si elle était
temporaire, elle ne sera pas transformée par la res-

titution en une action perpétuelle, et elle ne pourra être donnée si, au moment où le créancier veut la faire rétablir, le temps après lequel elle eût été éteinte est expiré. Et, en effet, le créancier n'a pas été, par l'*expromissio* de la femme, placé dans l'impossibilité d'agir, il ne peut donc invoquer aucune suspension de prescription. Tel nous paraît être le sens de la loi 24, § 3 de notre titre *au Digeste*, bien que ce texte ait soulevé quelques difficultés.

CHAPITRE IV.

INNOVATIONS DE JUSTINIEN.

Suivant ces innovations, la femme, qui eût pu avant Justinien invoquer le sénatus-consulte pour se soustraire à son obligation, sera désormais efficacement obligée dans les cas suivants :

1° Lorsqu'après un laps de temps de deux années elle renouvelle son intercession (l. 22. C. t. h.)

Justinien voit dans cette longue persévérance de la femme à vouloir s'obliger, une présomption qu'elle a un certain intérêt à agir ainsi. Si, au contraire, la confirmation de la femme était faite avant l'expiration des deux années, Justinien pensait que le temps de la réflexion n'avait pas été assez long, et que la femme avait bien pu, comme la première fois, être victime de sa fragilité ; aussi ce renouvellement ne produisait aucun effet. Nous avons admis que, du temps des jurisconsultes, la femme ne pouvait pas, au moment même où elle intercédait, renoncer au bénéfice du sénatus-consulte Velléien ; mais pouvait-elle, du moins, confirmer après coup son *intercessio* en la renouvelant ? C'était un point controversé, puisque Justinien déclare mettre fin à la controverse : *antiqua legum varietate cessante.*

La seconde intercession produira-t-elle un effet rétroactif au jour de la première, ou ne produira t-elle d'effet que pour l'avenir? Nous inclinons vers a première opinion, celle de l'effet rétroactif, en nous fondant surtout sur ces expressions de la loi 22 : *Sibi imputet, si, quod sæpius cogitare poterat et evitare, non fecit, sed ultro firmavit.* La seconde intercession est ainsi présentée comme une confirmation, une ratification de la première, et doit, en conséquence, rétroagir.

2° Quand elle déclare avoir reçu quelque chose peur intercéder. Il n'y a pas ici vraiment une importante innovation. Nous avons vu que la femme était, en effet, censée faire sa propre affaire lorsqu'elle avait reçu de l'argent pour intercéder, et que, par conséquent, le sénatus-consulte n'était pas applicable. Mais il paraît qu'il s'était élevé des difficultés sur le point de savoir combien la femme devait avoir reçu, et peut-être sur le point de savoir comment il fallait prouver qu'elle avait reçu; la loi 23, pr. C. h. t., nous dit, en effet : « *Antiquæ jurisdictionis retia et difficillimos nodos resolventes supervacuas distinctiones exulare cupientes...* » Justinien déclare, quant au fond, que le secours du sénatus-consulte sera refusé à la femme, quelle que soit la somme qu'elle ait reçue; il pense que dès que la femme se laisse déterminer à intercéder parce qu'elle a reçu quelque chose, *aliquid*, elle a en vue son propre intérêt. Quant au point de savoir comment on prouvera que la femme a reçu quelque chose, l'empereur décide que si l'acte public rédigé pour constater l'intercession énonce que la femme a reçu quelque chose, cette mention doit être réputée vraie.

Quand la femme avait reçu la valeur même de son obligation, il ne peut jamais y avoir eu de difficultés sur le point de savoir si elle est ou non valablement obligée; les difficultés se seront probablement élevées pour le cas où elle avait reçu une somme moindre ou de peu d'importance; on aura été de plus en plus favorable à la validité de l'intercession, et enfin Justinien met un terme à toute controverse : une simple déclaration de la femme, dans un acte public signé de trois témoins et rédigé pour servir de titre à l'intercession, qu'elle a reçu quelque chose, sera suffisante pour valider son obligation et n'admettra pas la preuve contraire.

S'il n'est intervenu dans le cautionnement aucun écrit, ni titre, ce sera au créancier à prouver que la femme a reçu; s'il n'y parvient pas, la femme pourra le repousser par l'exception du sénatus-consulte.

3° Lorsqu'elle intercède *pro libertate* (l. 24, C. h. t.) Il paraît que, du temps des jurisconsultes, il y avait eu controverse sur ce point. Justinien décide la question dans le sens le plus favorable à la liberté.

4° Lorsqu'elle intercède *pro dote* l. 25, C.

5° Une cinquième innovation se trouve dans la loi

23, § 2, C. h. t. Justinien dispose que les femmes ne pourront désormais s'obliger pour d'autres que par un acte public signé de trois témoins, et que si cette formalité n'a pas été remplie, toute l'opération sera considérée comme nulle, que la femme sera libre de tout engagement, comme s'il n'en avait jamais été question.

Trois idées bien distinctes dans ce texte : Nécessité d'un acte public signé de trois témoins pour contenir l'*intercessio* de la femme; 2° application de l'ancien droit, quand ces formalités ont été remplies; 3° nullité complète et absolue de l'*intercessio* quand elles ne l'ont pas été.

Rien de plus simple et de plus radical que la sanction édictée par ce texte, et pourtant de nombreuses difficultés ont été soulevées sur cette loi 23.

Il est un cas où aucune difficulté ne s'élève; c'est celui où les formalités exigées par Justinien ont été remplies. Alors, en effet, toutes les règles de l'ancien droit doivent recevoir leur application, soit quant à la prohibition du Sénatus-consulte, soit quant à son mode d'application, soit enfin quant aux dérogations qui y sont apportées.

Mais dans l'hypothèse où il n'est pas intervenu d'acte public revêtu de la signature de trois témoins, la chose n'a pas paru si simple aux interprètes. Sans entrer dans la discussion de toutes les opinions qui ont été émises sur ce point, nous dirons que le dernier paragraphe de la constitution nous semble avoir pour but de frapper d'une nullité absolue l'*inter-cessio* destituée des formes, soit qu'elle eût été paralysée dans l'ancien droit par l'exception du Sénatus-consulte, soit que l'on se trouve dans l'un des cas exceptionnels où elle est permise. Ni dans l'une ni dans l'autre hypothèse, la femme n'aura besoin d'invoquer l'exception ; l'acte qu'elle aura fait sera nul de droit.

Toutefois ceci ne s'appliquera qu'aux opérations qui réunissent tous les caractères constitutifs de l'*intercessio*, et non à celles qui n'ont de l'intercession que l'apparence, par exemple, lorsque la femme se sera obligée dans son propre intérêt (arg. de la loi 23 Prin. au C. h. t.) ni à ces actes qui ne sont pas en apparence des intercessions, mais qui déguisent cependant une véritable et réelle *inter-cessio*. Nous avons vu, en effet, que de tels actes étaient parfaitement valables si le créancier était de bonne foi; et comment imposer l'observation des formalités prescrites à un homme qui ne sait pas même s'il y a *intercessio*.

6° Cas où la femme intercède pour son mari.

Justinien, par la Novelle 131, chap. VIII, qui forme l'authentique *si qua mulier* au Code, *ad sen : C. Velleianum*, a statué que toute obligation de la femme pour son mari serait radicalement nulle et non avenue, quoiqu'elle eût été renouvelée plusieurs fois, et quand même elle serait contenue dans un acte public signé de trois témoins. La prohibition

de la Novelle ne reçoit exception que dans le cas où
il est prouvé que l'argent emprunté par le mari a
tourné au profit de la femme : « *Nisi manifeste
probetur, quod pecuniæ in propriam ipsius
mulieris utilitatem expensæ sunt.* » Cette exception est formulée limitativement : nous en concluons
que la règle s'applique même au cas où la femme
s'oblige *animo donandi;* l'exception formulée est,
en effet, un cas où l'affaire est conclue dans l'intérêt
propre de la femme, et où, par conséquent, il n'y a
pas d'intercession dans le sens du sénatus-consulte.
Si donc Justinien a cru devoir s'expliquer sur ce cas
particulier, c'est que le cas d'intercession *animo
donandi,* bien que n'étant pas un cas d'intercession
dans le sens du sénatus-consulte, est néanmoins
soumis à la règle de la Novelle 134.

Mais il n'y faut pas comprendre les opérations qui
ne constituent pas du tout des intercessions.

APPENDICE.

Ici se termine notre étude sur le sénatus-consulte
Velléien : nous ne le suivrons pas dans ses destinées
ultérieures, cet examen ne rentrant pas nécessairement dans notre sujet.

Disons cependant en quelques mots, pour clore
ce travail, qu'il survécut longtemps encore à la société romaine. Admis dans notre ancien Droit, non-

seulement dans les pays de Droit écrit, mais encore
dans la plupart des pays coutumiers, il était loin
cependant d'être appliqué partout de la même manière. Diversement modifiées suivant les lieux et les
coutumes, ses dispositions, en effet, avaient donné
lieu à de nombreuses divergences dans la jurisprudence des Parlements.

En général, dans notre ancien Droit, les renonciations au sénatus-consulte étaient permises. Un
arrêt de règlement du Parlement de Paris, du 29
juillet 1595, avait statué en ce sens, et en même
temps enjoint aux notaires « d'informer les femmes
qu'elles ne pouvaient s'obliger pour leurs maris sans
renoncer expressément au Velléien, à l'authentique
si qua mulier, à peine d'en répondre en leur nom
et d'être condamnées aux dommages-intérêts des
parties. » — Les procès infinis que suscitèrent ces
renonciations, qui devinrent de style dans les contrats de mariage, et les recours en dommages-intérêts auxquels les notaires se voyaient continuelle-
ment exposés, amenèrent l'édit du mois d'août
1606, rendu par Henri IV, sur la proposition du
chancelier de Sillery, qui abrogea toutes les dispositions du sénatus-consulte Velléien, et les lois romaines postérieures qui s'y réfèrent. Merlin nous
rapporte que « cet édit a d'abord été enregistré au
Parlement de Paris, et il est exécuté dans tout son
ressort, sauf dans l'Auvergne et la Marche. Il a été
ensuite enregistré au Parlement de Bourgogne, le

7 août 1600. — Un édit de décembre 1683, enregistré au Parlement de Bretagne le 23 du même mois, ordonne pour son ressort l'exécution de l'édit de 1606. Un autre édit de novembre 1704, enregistré au Parlement de Franche-Comté, le 3 janvier suivant, rappelle la disposition de l'édit de 1606 et prononce la validité de l'obligation des femmes. » (Répertoire, Ve Sénatus-consulte Velléien, § 1, n° 7).

Mais en Normandie, où cet édit ne fut jamais enregistré, on continua à observer avec rigueur les dispositions du sénatus-consulte Velléien. Ce n'est que le Code Napoléon qui a définitivement fait disparaître en France les dernières traces de cette incapacité d'intercéder dont les lois romaines avaient frappé la femme.

Le sénatus consulte Velléien existe encore cependant dans quelques pays étrangers ; l'Allemagne et l'Espagne y sont restées soumises, et le code Sarde a maintenu cette incapacité des femmes dans les art. 2054 et 2055.

Deuxième partie.

DROIT FRANÇAIS

DE L'INCAPACITÉ DE LA FEMME MARIÉE.

Sources. — Code Napoléon, art. 215 à 226, 776, 905, 934, 940, 1029, 1096, al. 2, 1124, 1125, 1304, 1312, 1449, 1534, 1538, 1549 al. 3, 1576, 1990, 2208.
Code de Procédure civile, art. 861 à 864.
Code de commerce, art. 4, 5, 7.

PRÉLIMINAIRES.

Le droit français ne contient aucune disposition législative qui rappelle plus ou moins exactement le Sénatus-consulte Velléien. Faut-il s'en féliciter ou au contraire, avec un grand nombre de bons esprits, devons-nous le regretter? Nous séparant à cet égard, dans la fin de notre préface de la majorité des jurisconsultes, nous avons pensé que son abrogation était un progrès de nos lois civiles: nous avons même eu la hardiesse d'appeler de nos vœux d'au-

tres réformes qui vinssent élargir la capacité de la
femme mariée.

Quoiqu'il en soit, le sujet que nous allons traiter,
a ceci de commun avec le précédent, qu'il traite
comme lui d'une incapacité dont les femmes se
trouvent frappées, mais il en diffère d'ailleurs sous
tous les autres rapports. L'incapacité de la femme
mariée n'a pas été inspirée par les mêmes motifs
qui préoccupaient le sénat de Rome lors de la pro-
mulgation du Velléien : elle ne s'applique pas, comme
ce sénatus-consulte, à toutes les femmes, mais en
revanche, elle n'est pas restreinte comme lui à une
seule espèce d'actes ; elle devient au contraire la
règle générale pour les femmes qui en sont at-
teintes.

CHAPITRE PREMIER.

FONDEMENT DE CETTE INCAPACITÉ.

« Les incapables de contracter sont..... 3° les femmes mariées dans les cas exprimés par la loi. »

Ainsi s'exprime l'article 1124 du Code Napoléon. De ces quelques mots, trois choses ressortent clairement : une incapacité civile pèse sur la femme; cette incapacité n'atteint que la femme mariée; elle n'est pas absolue et doit être restreinte aux « cas exprimés par la loi. »

Avant le mariage, la femme exclue à la vérité de la plupart des fonctions publiques et de l'exercice des droits politiques, avait cependant en matière de droits civils une capacité pleine et entière; son aptitude intellectuelle était reconnue par nos lois, elle marchait l'égal de l'homme, ses actes civils étaient libres de tout contrôle : or voici que par suite de son mariage, des prohibitions se sont élevées contre elle, des restrictions enchaînent sa capacité, elle est subordonnée à l'homme, qu'elle a choisi pour époux. D'où vient que tout à coup on la proclame ainsi incapable ?

Avant le mariage, elle était bien frappée d'une

incapacité civique et publique, elle ne pouvait exercer de droits électoraux ; elle n'avait droit de porter les armes que pacifiquement pour l'exercice de la chasse ; elle ne pouvait être médecin, elle n'était tuteur que par exception ; le barreau lui était interdit — mais elle pouvait ester en jugement, s'obliger et aliéner, dissiper sa fortune et la donner : or, de son mariage une incapacité nouvelle est née, une autorisation lui devient nécessaire pour les actes civils les plus importants ; elle ne peut plus seule disposer de ses biens ; le sceptre de sa fortune et de son indépendance lui est ravi ? Pourquoi ? Et d'où vient donc cette incapacité ?

Ce premier problème s'est posé à l'esprit de tous les auteurs qui ont étudié la question ; tous ont cru surprendre le véritable esprit du Code sur ce point, et selon leur habitude, ils sont en profond désaccord.

Il importe cependant d'y répondre exactement, et de dégager le principe qui doit dominer toutes nos discussions postérieures ; ses applications seront fréquentes et sur plusieurs points, les solutions seront diverses, selon le motif que nous aurons assigné à l'incapacité de la femme.

Nous ferons observer tout d'abord que ce n'est point le principe philosophique, la justification abstraite de cette incapacité que nous nous proposons de rechercher ici ; non, nous nous en sommes déclarés l'adversaire modeste mais convaincu : ce que nous recherchons, c'est son explication juridique, c'est le fondement que lui a assigné l'esprit du législateur.

On sait que notre législation n'a en cette matière rien de romain dans son origine.

Interrogeons notre ancien droit. Je ne parlerai que des pays de coutume, parce que le droit romain était resté en vigueur dans les pays de droit écrit, sauf dans ceux qui ressortissaient au parlement de Paris, et que par conséquent l'autorisation maritale n'y était pas exigée.

Dans nos pays de coutume, la nécessité de l'autorisation maritale était universellement reconnue; mais les esprits étaient dans un grand dissentiment pour expliquer les motifs de cette autorisation.

Dans une première opinion soutenue par Rebuffe, Pautanus, Laféron, Chasseneux, Guillaume, on ne voyait d'autre raison à l'incapacité des femmes que l'inexpérience et la faiblesse de leur sexe.

D'autres prétendaient, au contraire, que l'incapacité de la femme était édictée dans l'intérêt de la puissance maritale : Pothier, d'Aguesseau, Coquille, Dargentré, Ricard, se portaient les champions de cette deuxième explication.

Lebrun, adoptant tout à la fois les motifs des deux premières opinions, fondait le principe de l'autorisation sur l'intérêt de la femme et sur le droit du mari. Ce sentiment semblait, d'ailleurs, justifié par les textes de certaines coutumes, tel que celui de l'article 223 de la coutume de Paris, ainsi conçu : « Tant pour le regard d'elle que de son dit mari, » ou de l'article 221 de la coutume d'Auxerre, portant : « Au préjudice de son mari, ni au préjudice d'elle. »

Le président Bouhier, dans ses *Observations sur la coutume de Bourgogne*, faisant une part trop large peut-être au souvenir du sénatus-consulte Velléien, pensait que l'incapacité de la femme était commandée par les bienséances de la morale et de l'ordre public.

On peut croire que ces diverses opinions étaient chacune l'écho fidèle de la coutume dont elles s'occupaient, et que la variété des décisions dans les coutumes supposait une divergence dans les principes. Toutefois, nous ne saurions admettre que la première de ces opinions se basât sur des arguments sérieux, puisque la capacité de la femme non mariée n'était pas soumise aux mêmes restrictions, et qu'il serait absurde de prétendre que le mariage diminuât son aptitude et son intelligence.

La diversité des systèmes a aujourd'hui fait place à une législation uniforme et gouvernée dans toute la France par un même esprit. Appelés à définir l'esprit du Code en cette matière, il nous faut opter entre les avis opposés des auteurs qui revendiquent l'honneur de l'avoir découvert.

Tous sont d'accord sur ce point, que l'idée de puissance maritale, n'est pas étrangère à l'incapacité

qui nous occupe. Car sans elle, en effet, comment
expliquer que l'incapacité n'attaque que la femme
mariée, et qu'au contraire la femme non mariée ou
veuve, soit considérée comme pleinement capable.
(Art. 388, 488.)

Un autre point également hors de doute, c'est
qu'on ne peut argumenter exclusivement de l'inap-
titude de la femme et de la protection qu'il convient
de lui donner, quand cette même loi lui reconnaît
l'intelligence et la capacité nécessaires, pour être
elle-même, au cas de dissolution du mariage, la
tutrice de ses enfants, (art. 390). Elle peut même
être nommée tutrice de son propre mari, (art. 507)
et l'on viendrait prétendre que c'est à titre de tutelle
que ses actes ont été soumis par le législateur à l'autorisation de son mari !

Examinons brièvement les divers systèmes sou-
tenus sur cette question, afin de prendre parti et de
choisir celui qui nous paraîtra le plus conforme à la
pensée du législateur.

Nous avons reconnu que l'intérêt de la puissance
maritale, n'était pas étranger à cette incapacité.
Est-ce à dire qu'il ait seul préoccupé les rédacteurs
du Code? et l'autorisation ne serait-elle autre chose
qu'un moyen de discipline intérieure, et de gouvernement domestique? un moyen de s'assurer de la
dépendance de la femme, en étendant cette dépendance à son patrimoine et aux engagements qu'elle
peut contracter?

On l'a soutenu, (Delvincourt t. I p. 75 n° 1, — Toullier t. II n° 615, — Merlin quest. de droit, t. IX V. puissance maritale § 3.) Mais telle ne saurait être notre opinion.

L'idée de puissance maritale peut seule, il est vrai, expliquer certaines dispositions du Code. Aussi admettons nous que le législateur s'en est inspiré : mais d'autres considérations ont également du toucher son esprit, car cette opinion reste impuissante à nous expliquer bien des dispositions du Code.

Si la puissance maritale était l'unique cause de l'autorisation, il serait logique d'admettre d'une part que le mari pourrait autoriser sa femme, toutes les fois qu'il serait investi de cette puissance, et d'autre part que l'incapacité de la femme dut disparaître, quand il viendrait à être déchu de cette puissance. Or, ce n'est pas là ce qu'a fait le Code. Le mari mineur, qui a tout autant de droits que le mari majeur, qui a vis à vis d'elle tous les attributs de la puissance maritale, ne peut cependant l'autoriser à faire les actes pour lesquels elle ne peut agir seule ; il faut en ce cas, s'adresser à la justice à qui il est confié de donner l'autorisation, (art. 224.) D'un autre côté, lorsque par suite d'une condamnation emportant peine afflictive ou infamante, le mari est déchu de la puissance maritale, la femme n'en continue pas moins à avoir besoin d'une autorisation qui est donnée par le juge, (art. 221.) Pourquoi enfin, si l'intérêt de la puissance maritale est seul à satisfaire,

pourquoi permettre à la femme de demander la nullité de l'acte qu'elle a fait sans autorisation, alors
que le mari ne réclame pas, lui le dépositaire et le
gardien de cette puissance? (art. 225.)

Plusieurs auteurs en ont conclu que l'intention
de protéger la femme contre sa faiblesse et son inap-
titude n'était pas étrangère aux dispositions du Code
sur son incapacité ; et l'on comprend alors que dans
le cas où le mari est incapable de remplir ce devoir
de protection avec le discernement nécessaire ou en
est déclaré indigne, il faut avoir recours à la justice
chargée de veiller aux intérêts du faible et de le garantir contre son insuffisance. (En ce sens, Proudhon t. 1, p. 454, — Valette explic. sommaire du
Code Napoléon, p. 119 ; Mourlon, répétit. écrites,
t. I.)

Un troisième système enseigné par M. Demolombe, t. IV, n° 115-117, et par MM. Aubry et Rau
sur Zachariæ, t. IV, § 472, texte et note 5, assigne
pour principe à l'autorisation, outre la puissance
maritale à laquelle tous les systèmes la rattachent,
la protection de l'intérêt collectif de la famille, et
des intérêts matrimoniaux qui ne sauraient prospé-
rer sans une grande unité d'administration. Ce système auquel je me rattache, n'a pas besoin, comme
le précédant, de recourir à ce désir que je ne puis
m'empêcher de trouver bizarre, de protéger la
femme mariée contre elle-même, quand nous voyons
que la femme non mariée, si elle est majeure, jouit
d'une capacité complète.

L'opinion que je défends, outre qu'elle me paraît plus conforme à l'esprit de la loi, a le mérite d'expliquer facilement toutes les dispositions du Code. En effet, si l'on voit à côté du droit du mari, un devoir à lui imposé de veiller à la conservation et à la prospérité des biens de la famille, on comprend parfaitement pourquoi le mari représentant de cet intérêt collectif doit donner son autorisation pour les actes qui l'intéressent au plus haut degré. — Pourquoi le mari mineur qui manque d'une expérience suffisante ne peut autoriser sa femme. — Pourquoi la puissance maritale venant à cesser accidentellement, l'autorisation n'en demeure pas moins indispensable à la femme, la perte des droits du mari, ne faisant pas que les intérêts matrimoniaux soient moins dignes de protection. — Pourquoi enfin la femme peut invoquer la nullité résultant du défaut d'autorisation, puisque ces intérêts sont ceux de la femme elle-même.

Je ne fais que mentionner sans discussion, un quatrième système, qui, ne trouvant aucune des opinions précitées, aptes à donner une explication suffisante des dispositions du Code, a fait de toutes les trois une sorte de fusion, soutenant ainsi que l'incapacité de la femme reposait à la fois sur ces trois idées : puissance maritale, protection à donner à la femme, sauvegarde des intérêts matrimoniaux. Je suis convaincu qu'à la suite d'un examen plus approfondi, les partisans de ce dernier système se rattacheront à la troisième opinion comme à celle étant la plus simple, la plus rationnelle, et la plus capable d'expliquer l'économie de la loi en ce qui touche la femme mariée.

CHAPITRE II.

ÉTENDUE DE CETTE INCAPACITÉ.

Généralités.

La nécessité de l'autorisation est, pour la femme, une conséquence directe du mariage.

De là il résulte : 1° que cette incapacité ne commence qu'à partir de la célébration du mariage, à la différence de certaines coutumes qui l'exigeaient autrefois dès le jour des fiançailles ; 2° que cette incapacité cesse par la dissolution du mariage. La séparation de corps n'y met donc pas fin : en effet, elle ne brise pas les liens du mariage, elle ne fait pas disparaître les attributs les plus essentiels de la puissance maritale, en tant qu'ils sont conciliables avec la séparation de corps elle-même. Du reste, le législateur, en déclarant que la séparation de biens laisserait subsister la nécessité de l'autorisation, a

6

suffisamment démontré la généralité de la règle, puisqu'elle s'applique à des actes qui intéressent le patrimoine de la femme, alors même que ce patrimoine est séparé. S'il n'a rien dit du cas qui nous occupe, c'est qu'il suffisait de s'expliquer sur le cas de séparation de biens, qui en est la conséquence inévitable. On peut croire aussi que les rédacteurs du Code ignoraient, au moment de la rédaction des articles 215 et 217, le parti qu'ils prendraient en ce qui concerne le divorce et la séparation de corps. J'ajoute que les textes sont assez généraux pour s'appliquer indubitablement à toute femme mariée (Duranton, t. II, n° 623. Zachariæ, t. III, p. 374 : Cass., 6 mars 1827, 13 nov. 1844 ; Caen, 3 juin 1815).

L'incapacité de la femme mariée est indépendante des différents régimes matrimoniaux sous lesquels les époux peuvent se trouver placés, soit en vertu de leur contrat de mariage, soit pour n'avoir point fait de contrat ; dans tous les cas, l'autorisation est indispensable à la femme pour un grand nombre d'actes ; les conventions matrimoniales peuvent cependant, sans jamais détruire le principe de l'incacité, en restreindre quelque peu l'étendue, comme nous aurons occasion de le voir plus loin.

Nous allons envisager cette incapacité, tour à tour quant aux actes judiciaires et quant aux actes extra-judiciaires.

SECTION Ire.

DES ACTES JUDICIAIRES.

La première incapacité dont le législateur ait frappé la femme mariée, est celle qui concerne les actes judiciaires. Elle est ainsi exprimée dans l'art. 215 : « La femme ne peut ester en jugement sans l'autorisation de son mari, quand même elle serait marchande publique, ou non commune, ou séparée de biens. »

Ester en jugement signifie comparaître en justice, figurer comme partie dans un procès. « Expression singulière, remarque M. Demolombe, qui n'est elle-même que la traduction plus singulière encore des mots : *stare in judicio*, car *judicium*, dans la langue du Droit romain, veut dire instance et non pas jugement ; c'est le mot *sententia* qui exprime l'idée d'une décision judiciaire. » La femme est donc incapable de figurer comme partie dans un procès.

L'autorisation maritale est nécessaire à la femme : 1° devant toute juridiction ; 2° à tous les degrés d'instance ; 3° quels que soient l'objet et la nature de la contestation ; 4° quel que soit le rôle de la femme, et quel que soit son adversaire ; 5° sous quelque régime qu'elle soit mariée et fût-elle même marchande publique; 6° à quelque époque que le procès se soit trouvé lié.

Telle est la règle générale et absolue, posée par l'article 215, du moins pour les matières civiles. En matière criminelle, correctionnelle ou de police, cette règle souffre une exception indiquée par l'art. 216.

Reprenons maintenant chacun de ces points.

I. — L'autorisation est nécessaire à la femme devant toute juridiction; c'est-à-dire qu'elle se présente devant un tribunal de l'ordre judiciaire ou devant un tribunal de l'ordre administratif. Elle en a même besoin pour comparaître au bureau de paix, ne s'agit-il que d'actions possessoires, car c'est là ester en jugement.

La femme non autorisée ne peut même point paraître en conciliation, parce que le préliminaire de conciliation est le commencement obligé de tout procès en matière civile. (Cass., 3 mai 1808. Aubry et Rau, IV, § 472. Demol., IV, 128.)

II. — La femme doit être autorisée pour chacune des phases du procès et pour chaque degré de juridiction, c'est-à-dire que si elle a plaidé en première instance, elle est incapable d'appeler sans autorisation; que si elle a interjeté appel, il faut qu'elle soit autorisée pour se pourvoir en cassation. Quant à la question de savoir si l'autorisation donnée pour le premier degré est valable pour le second, elle reviendra en son lieu.

III. — L'autorisation maritale est requise, quels que soient l'objet et la nature de la contestation, quand même le litige porterait sur des actes que, par exception, la femme était capable de passer sans autorisation.

L'autorisation maritale est nécessaire à la femme pour répondre à une demande en interdiction, ou en nomination d'un conseil judiciaire dirigée contre elle (art. 215.) Je suppose la demande en interdiction formée par les parents de la femme, car si elle était formée par le mari lui-même, elle vaudrait nécessairement pour la femme autorisation d'y défendre. (Cass·, 9 janv. 1822. Demol., IV, n° 127).

Il en est de même, si elle provoque l'interdiction de son mari. Le doute que fait naître l'article 490, qui accorde expressément à la femme une action en interdiction, tombe devant les termes absolus de l'art. 215 : « Ce sera la justice ou même le mari qui l'habiliteront à cet effet. » Je ne vois aucun argument sérieux qui puisse faire invalider l'autorisation donnée par le mari à l'effet de se faire interdire, d'autant moins que je partage l'opinion des auteurs qui admettent une personne à provoquer elle-même sa propre interdiction.

La femme a-t-elle besoin d'autorisation pour former une demande en nullité de mariage? Mais

comment, dira-t-on, pourrait-elle être obligée à
procéder comme femme mariée dans l'instance
même où elle conteste la validité de son mariage ?
La contradiction n'est qu'apparente, car il ne faut
pas mettre l'effet avant la cause. Par cela même que
la femme veut faire reconnaître en droit la nullité
de son mariage, elle reconnaît qu'il existe en fait,
et cela suffit pour qu'il produise tous ses effets juridiques jusqu'au jour où cette nullité sera prononcée
en justice. Toutefois, nous admettons que si la nullité du mariage est opposée reconventionnellement
et comme moyen de défense par la femme au mari
qui a formé lui-même une demande en réintégration
du domicile conjugal contre sa femme, celle-ci n'a
pas besoin d'autorisation, et cela en vertu de ce
principe que le mari qui intente une action contre
sa femme l'autorise par cela même à se défendre
par tous les moyens. (Cass., 10 fév. 1851, 19 mai
1858 ; Aubry et Rau, t. IV, § 472 ; Demol., t. IV,
n° 127.)

Enfin la femme ne peut former une demande en
séparation de corps ou de biens, sans avoir préala-
blement adressé une requête au président du tribunal qui ne peut d'ailleurs refuser d'y accéder : ce
n'est là qu'une simple formalité. (Val. sur Proud. I,
p. 456.)

IV. — Dès lors que la femme figure comme
partie dans un procès, elle doit être autorisée à cet

effet, qu'elle y figure comme demanderesse ou défenderesse, et quel que soit son adversaire dans ce procès. Nous savons qu'elle a besoin d'autorisation pour plaider même contre son mari, avec cette restriction universellement admise qu'elle se trouve implicitement autorisée par la demande formée contre elle. (Grenoble, 21 fév. 1833.)

V. — Sous quelque régime que la femme soit mariée, et lors même qu'elle serait marchande publique, elle ne peut ester en justice sans autorisation. Il en était autrement dans l'ancien droit qui permettait à la femme séparée d'ester en justice pour ce qui concernait l'administration de ses biens. Quelques coutumes, d'ailleurs peu nombreuses, accordaient même ce droit à la femme marchande publique pour ce qui concernait son négoce. (Pothier, puiss. du mari, n° 62.) L'art. 215 a rejeté avec raison ces deux exceptions, étant donnée l'économie de la loi telle qu'elle est, car nous l'avons dit dans notre préface, nous ne sommes nullement en principe partisans de l'incapacité imprimée à la femme mariée. Mais si l'on accepte le point de départ des législateurs, et cet état d'isolement de toutes les affaires dans lequel on a jeté la femme, il est logique d'approuver ces deux restrictions, et de ne pas admettre que la faculté de faire le commerce ou d'administrer ses biens doive entraîner par voie de conséquence le droit de plaider ; il est juste d'entra-

ver la facilité avec laquelle une femme inexpéri-
mentée eut pu inconsidérément se jeter dans un
procès ruineux.

VI. — La femme ne peut plaider sans autorisation à quelque époque que l'instance ait été engagée.
Si donc il s'agit d'un procès lié antérieurement au
mariage, la femme ne peut plus procéder ultérieurement sans y être autorisée, à moins que la cause
ne se trouve en état lors du mariage. (C. proc.,
art. 342.)

Il est bon de faire remarquer que dans tous les
cas, le changement d'état de la fille ou veuve qui se
marie et n'est point autorisée, n'empêchera pas la
continuation des poursuites contre elle, tant que
son mariage ne sera pas notifié à la partie adverse.
(Art. 342, C. proc.)

Devant les tribunaux de justice répressive, nous
trouvons une notable exception au principe de l'autorisation : la femme, si elle est poursuivie, peut se
défendre sans y être autorisée. « Lorsqu'une femme
est accusée, disait Vaslin (sur la Rochelle, art. 22,
n° 43), qu'elle soit innocente ou coupable, il est naturel qu'elle ait le droit de se défendre. Au lieu que
lorsqu'elle se plaint, il n'est pas sûr qu'elle ait
raison; il convient donc pour agir, qu'elle soit autorisée de son mari ou de la justice. » Cette exception formulée dans l'art. 216 sera par nous appréciée, lorsque nous parlerons de la capacité que la
femme conserve toujours malgré le mariage.

En vertu d'une autre exception, la femme est admise à présenter sans autorisation la requête préalable à une demande de séparation de corps ou de biens contre son mari, art. 875, 878, C. proc. Nous reviendrons également sur ce point.

SECTION II.

DES ACTES EXTRA JUDICIAIRES.

Le principe en cette matière repose dans l'art. 217, « la femme même non commune ou séparée de biens, ne peut donner, aliéner, hypothéquer, acquérir à titre gratuit ou onéreux, sans le concours du mari dans l'acte, ou son consentement par écrit. » La prohibition y est aussi absolue que celle de l'art. 215, pour les actes judiciaires. Toutefois, l'incapacité dont il s'agit ici, subit certaines dérogations, à raison du régime matrimonial des époux. Dans le cas de séparation de biens conventionnelle ou judiciaire, de même que sous le régime dotal, la femme possède sous certains rapports, une capacité plus étendue que sous les autres régimes; aussi l'art. 1124, est-il plus exact que l'art. 217, quand il nous dit que les femmes mariées sont incapables « dans les cas exprimés par la loi. »

Je vais successivement reprendre les diverses incapacités désignées dans l'art. 217, et rechercher pour chacune d'elles, son étendue et la mesure dans laquelle elle s'applique à la femme séparée de biens. Aussi je traiterai dans quatre paragraphes : 1° De l'incapacité d'aliéner, dans laquelle est comprise celle de donner; 2° De l'incapacité d'hypothéquer; 3° De celle d'acquérir; 4° Enfin de celle de s'obliger, comprise implicitement dans l'art. 217, et expressément dans les art. 220, 221, 222 et 224 du Code Napoléon.

§ I. — *De l'incapacité d'aliéner.*

Distinguons trois classes d'aliénations : 1° Les aliénations à titre gratuit, soit de meubles, soit d'immeubles; 2° Les aliénations à titre onéreux d'immeubles; 3° Les aliénations à titre onéreux de meubles.

I. — La femme mariée est absolument incapable de faire, sans autorisation, une donation entre-vifs. Le législateur n'a pas voulu que la femme put se dépouiller au préjudice de son mari et à son propre préjudice, par des libéralités qui viendraient appauvrir la société conjugale, ou qui créeraient à la femme des liens et des affections dont l'autorité maritale a le droit de s'enquérir.

Mais ces motifs ne pouvaient prévaloir après la

mort de la femme, aussi voyons-nous que sous tous les régimes elle est capable de tester.

La femme est toujours incapable de donner entre-vifs ses immeubles. En est-il de même quant aux meubles ? On a soutenu que lorsqu'elle était séparée judiciairement, elle pouvait disposer sans aucune restriction de tous ses meubles, et on s'est appuyé pour le prouver sur l'art. 1449, 2e alinéa, aux termes duquel la femme séparée, peut disposer de son mobilier et l'aliéner. Mais cet argument tombe de lui-même, en présence du texte formel des art. 217 et 905. Il en résulte, en effet, de la manière la plus évidente, que le mot aliéner a été employé dans l'art. 1449 par le législateur, non dans un sens géné-rique *rem alienam facere*, mais dans un sens res-treint, comme synonyme de vendre ; il résulte égale-ment de l'art. 1449, si l'on en examine les motifs et la portée, que la femme séparée n'a la disposition de son mobilier que comme conséquence de la libre administration qui lui est laissée.

Tout ce que nous pouvons concéder à la femme, c'est le droit pour elle de faire ces cadeaux et pré-sents de peu d'importance qui se prennent sur les revenus, et qui, vu les usages et les convenances, sont parfois dépenses obligées : ce sont ces mêmes présents et cadeaux dont parle l'art. 852 pour les dispenser du rapport.

A l'incapacité de faire une donation entre vifs se rattache comme conséquence, celle de faire une institution contractuelle pour laquelle, de l'aveu général, la capacité ordinaire de tester ne suffit pas.

II. — La femme mariée est incapable d'aliéner ses immeubles, même à titre onéreux, et sans distinction de régimes. L'art. 1538 ne laisse place à aucun doute : « Dans aucun cas, dit-il, ni à la faveur d'aucune stipulation, la femme ne peut aliéner ses immeubles sans le consentement spécial de son mari, ou à son refus, sans être autorisée par justice. » Le mot *aliéner* doit être entendu ici dans le sens le plus large ; il comprend la prohibition de vendre, d'échanger, de donner en paiement, de constituer une servitude, de consentir un usufruit, et même d'après la Cour de Cassation, de donner à antichrèse l'usufruit des immeubles (Cass. 22 nov. 1841.)

L'incapacité d'aliéner, dont il s'agit, s'appliquerait même aux immeubles achetés par la femme, soit avec les économies faites sur ses revenus, soit avec des bénéfices réalisés dans son commerce, tant sont formels les termes des articles 217 et 1538.

Je sais bien qu'on peut objecter qu'il est étrange, que la femme, pouvant disposer entièrement de ses économies ou de ses bénéfices, n'ait pas le droit de disposer de ce qui en provient, et soit de pire condition que si elle les avait dissipés. Mais cet argument me touche peu en présence de la netteté de l'article 1538 : d'ailleurs notre théorie a le mérite, que loin d'encourager la prodigalité et la dissipation, elle ré-

compense au contraire l'esprit d'ordre, en assurant
à ce qu'il produit des garanties de conservation.
Demol. t. IV n° 152 — Contrà Cass. 8 sept. 1814.

III, — Les aliénations mobilières à titre onéreux
sont aussi en général interdites aux femmes mariées
non pourvues d'autorisation, mais ici la règle n'est
plus inflexible, elle peut souffrir exception à raison
du régime matrimonial adopté par les époux.

Je crois à propos de placer ici quelques observations générales sur les divers régimes dans lesquels
la loi admet des restrictions à l'incapacité de la
femme mariée. La seule capacité dont puisse jouir
la femme sous l'empire de ces régimes, c'est la capacité d'administrer ses biens entièrement et librement. Cette capacité lui appartient en quatre circonstances : 1° Dans la séparation de biens contractuelle (art. 1536); 2° dans la séparation de biens
judiciaire (art. 1449); 3° dans le régime dotal en ce
qui concerne les biens paraphernaux (art. 1576); 4°
dans tous les autres régimes quant aux biens dont
elle s'est réservé l'administration par une clause du
contrat de mariage.

Je ne crois pas qu'on doive faire aucune différence
entre ces situations; on a en vain voulu en établir
entre la femme séparée judiciairement et celle qui
l'est contractuellement. Quelle que soit la cause d'où
procède la séparation de biens, que ce soit du contrat de mariage ou d'un jugement, elle est en réalité

unique dans ses effets. (Val. sur Proud. I, p. 464, Marcadé sur l'art. 1449, Demol. t. IV, n° 148.)

Ainsi deux points sont à retenir : 1° ce qui est vrai de la femme séparée de biens, l'est en général de toute femme à qui appartient l'administration de tout ou partie de ses biens; 2° la femme séparée de biens n'a d'autres droits que ceux qui sont une conséquence du libre pouvoir d'administration qui lui est conféré par la loi. Revenons maintenant à l'incapacité de la femme mariée de faire des aliénations mobilières à titre onéreux sans autorisation, et recherchons jusqu'à quel point y est soumise la femme séparée de biens.

Celle-ci peut, aux termes de l'art. 1449, *disposer de son mobilier et l'aliéner*; de son mobilier corporel ou incorporel, c'est-à-dire qu'elle peut céder et transporter ses créances, comme elle peut vendre aux conditions qui lui semblent bonnes, ses meubles proprement dits. Toutefois, remarquons que ce droit de disposition n'est accordé à la femme que comme la conséquence de son droit d'administration. En effet, la faculté d'administrer librement, doit entraîner avec elle un certain droit d'aliénation. Mais cette faculté se mesure et se limite par les nécessités mêmes de l'administration. L'art. 217 édicte la règle d'incapacité; l'art. 1449 apporte l'exception; or, la disposition fondamentale de cet article est dans le premier alinéa, et il a pour but de concéder à la femme la libre administration de ses

biens; le second paragraphe n'est que le développement et le corollaire du premier; ce n'est dès lors
que pour cause d'administration qu'il permet à la
femme d'aliéner son mobilier.

Sans doute, il y a la plupart du temps, impossibilité pour les tiers de vérifier les causes de ces aliénations mobilières, et les égards dùs à la bonne foi,
élargiront nécessairement en fait les pouvoirs de la
femme. Mais il n'en faut pas moins affirmer le principe , et dire que si les tiers ont pu savoir par la nature même de l'acte que la femme, en aliénant,
dépassait les limites d'une libre administration, cette
aliénation sera nulle. Les tribunaux ont un pouvoir
discrétionnaire pour décider si les tiers ont été ou
non de bonne foi.

§ II. — *De l'incapacité d'hypothéquer.*

Il n'y a d'exception à cette incapacité, sous aucun
régime. L'hypothèque ne pouvant être consentie
que par ceux qui ont capacité d'aliéner les immeubles qu'ils y soumettent, on eut pu suppléer facilement à cette disposition de la loi.

L'art. 2124 est d'une précision telle qu'il faut
repousser l'opinion de ceux qui, considérant l'hypothèque comme l'accessoire d'un contrat principal,
admettent qu'une hypothèque consentie pour sureté
d'une obligation sera valable si celui qui a contracté

cette obligation avait une capacité suffisante pour cela. Nous ne croyons donc pas que la femme, lorsqu'elle jouit de l'administration de ses biens, puisse consentir une hypothèque relativement à des obligations contractées en vue de cette administration. Val. t. II p. 455. Demol. IV n° 162 — Contra Toullier II. 1298).

§ III. — *De l'incapacité d'acquérir.*

La femme mariée ne peut sans autorisation, acquérir des meubles ou des immeubles à titre gratuit, ni à titre onéreux (art. 217).

1° Elle ne peut acquérir à titre gratuit : c'est à la fois dans un esprit de protection et de défiance que la loi a édicté cette incapacité; une acquisition à titre gratuit, peut en effet entraîner pour la femme des charges fort onéreuses, et d'un autre côté, il est à la fois moral et conforme à la dignité du mari que sa femme ne puisse recevoir aucune libéralité dont il ne connaisse la source et n'ait approuvé les motifs. La femme mariée ne peut donc valablement accepter sans l'autorisation de son mari ou de la justice, une succession (776) ou une donation entre-vifs. (934).

L'incapacité d'acquérir à titre gratuit, étant d'ordre public, demeure invariable sous tous les régimes.

2° La femme mariée, est également incapable d'acquérir à titre onéreux soit des meubles, soit des

immeubles. Qu'est-ce en effet, qu'acquérir à titre
onéreux ? c'est acquérir en échange d'un équivalent
que l'on donne ; or, pour donner un équivalent, il
faudrait être capable d'aliéner ou de s'obliger, la
femme ne l'est pas : rien n'est donc plus logique que
l'incapacité dont il s'agit. Ainsi, impossibilité complète d'acheter, d'échanger de recevoir en paiement
sans autorisation.

Malgré les termes généraux de l'art. 217, et à la
différence de l'incapacité à titre gratuit, l'incapacité
d'acquérir à titre onéreux doit être restreinte en
faveur de la femme séparée de biens, et il faut
admettre que celle-ci pourra dans une certaine mesure faire des acquisitions de meubles ; je ne parle
pas seulement des meubles meublants, des meubles
à l'usage de sa personne, ou de ces acquisitions jour-
nalières indispensables à un ménage : non, car, ce
sont là des actes pour lesquels elle pourrait même
s'obliger personnellement. Je parle en général de
tous meubles corporels ou incorporels ; elle pourra,
par exemple, acheter des rentes sur l'Etat, des
actions de la Banque de France ou de Compagnies
industrielles ; et il faut bien l'admettre, car il sera
souvent conforme à une bonne administration de
faire des acquisitions de meubles à titre onéreux, de
placer ses capitaux, de faire en un mot, fructifier
par un sage emploi l'argent qu'ont amassé de labo-
rieuses économies.

Mais la femme séparée de biens pourra-t-elle faire

7

des acquisitions d'immeubles? Oui, selon nous, il n'y a aucune raison sérieuse de distinguer entre les acquisitions de meubles et celles d'immeubles. On nous oppose, il est vrai, l'art. 217, et c'est là un argument qui ne manque pas de force. Mais, dirons-nous, si d'un côté il est défendu à la femme de faire des acquisitions à titre onéreux, il n'en est pas moins certain, aux termes de l'art. 1449, qu'elle peut librement administrer son patrimoine et dis- poser de son mobilier; il nous faut donc concilier les termes de l'art. 217 avec l'esprit de l'art. 1449, et dire que l'acquisition d'immeubles sera valable toutes les fois qu'elle constituera un acte d'adminis- tration; ainsi, elle a entre les mains des capitaux disponibles, ou bien des économies faites sur ses re- venus, ou une créance sur un tiers qu'elle peut dé- léguer; l'acquisition d'immeubles qu'elle fera dans ces circonstances n'excède pas ses pouvoirs, ainsi que le prouve le but qu'elle s'est proposé. Au con- traire, la femme ne pourrait acheter à crédit, en tant qu'elle contracterait une obligation personnelle; elle ne pourrait acheter sans avoir de fonds dispo- nibles; l'article 217 reprend alors toute sa force pour le lui défendre. — On a objecté aussi que l'ac- quisition d'un immeuble est chose bien plus grave que l'acquisition d'un meuble; c'est vrai; mais n'est-ce pas aussi un acte beaucoup plus avantageux pour la femme? Comment, d'ailleurs, méconnaître la prédilection que le Code affiche à tout propos à l'égard des immeubles. On accorde bien au mineur émancipé le droit d'acheter seul un immeuble avec le produit de ses économies, comment le refuser à la femme séparée de biens, dont la capacité est certainement bien plus grande? (Colmar, 31 janv. 1826; Cass., 15 déc. 1832. Demol., t. IV, n° 157.)

§ IV. — *De l'incapacité de s'obliger.*

Des différentes incapacités que j'ai énumérées jusqu'ici, et en particulier de celle d'aliéner, résulte nécessairement, pour la femme mariée, l'incapacité absolue de s'obliger sans autorisation.

En effet, celui qui s'oblige, confère par là même à ses créanciers le droit de faire vendre ses biens pour se payer sur leur prix. La femme, étant incapable d'aliéner ne peut, en aucune façon, leur conférer un pareil droit. L'incapacité de s'obliger est donc contenue implicitement dans l'art. 217; elle est de plus mentionnée expressément dans les art. 220, 221, 222 et 224.

D'après ce raisonnement, s'il est des situations où la femme soit capable d'aliéner dans une certaine mesure, elle doit être, dans la même mesure, capable de s'obliger. C'est ce qui a lieu pour la femme séparée de biens : elle peut s'obliger pour cause d'administration, et par exemple, emprunter, se procurer les objets nécessaires à son usage, faire marché avec des architectes, maçons, etc., pour l'entretien et la réparation de ses biens.

Une grave question s'agite à ce sujet, celle de savoir si une obligation contractée dans les limites d'une libre administration peut être poursuivie non seulement sur les meubles et sur les revenus des immeubles de la femme, mais encore sur la propriété même de ces immeubles.

Cette dernière solution me paraît préférable. On invoque cependant pour la négative des arguments dont je ne puis contester la valeur. Le plus grave se tire de l'art. 1449 dont le troisième alinéa interdit formellement à la femme l'aliénation de ses immeubles. Or, permettre à la femme de contracter des obligations qui seront exécutoires sur ses immeubles, n'est-ce pas lui donner indirectement la faculté de les aliéner? Et comment la femme pourrait-elle seule conférer à ses créanciers le droit de saisir et faire vendre des biens dont elle n'a pas la libre disposition? On ajoute qu'il est impossible de tirer argument de l'art. 2092 pour déterminer les effets d'une obligation contractée par la femme séparée de biens. C'est là, dit-on, une pétition de principes, car la question est précisément de savoir si la femme en contractant a pu obliger ses immeubles, et l'art. 2092 la suppose résolue affirmativement quant au débiteur dont il s'occupe. Cet article n'a statué que *de eo quod plerumque fit*; il cesse par conséquent d'être applicable, toutes les fois qu'une obligation

n'est pas exécutoire sur tous les biens de celui qui
l'a contractée ; par exemple, lorsqu'une femme mariée sous le régime dotal, s'oblige avec l'autorisation
de son mari, parce que l'obligation dont il s'agit
n'est pas exécutoire sur les biens dotaux. On fait
remarquer, enfin, que les obligations nécessitées
par les besoins d'une libre administration ne sont
pas si considérables que les biens mobiliers de la
femme n'en puissent garantir l'exécution. (Zachariæ,
t. III, p. 486, Marcadé sur l'art. 1449.)

Je réponds que la femme séparée de biens doit
pouvoir user pleinement des pouvoirs qui lui sont
concédés par le premier alinéa de l'art. 1449 ; or il
est facile de supposer telle circonstance dans laquelle l'administration de ses biens lui serait impossible sans la faculté de s'obliger même sur ses immeubles. Aussi la loi ne lui a point refusé cette
faculté ; si elle s'oblige, l'effet de ses engagements
est réglé par le principe général de l'art. 2092, qu'on
a parfaitement le droit d'invoquer. Il ne faut pas
exagérer la valeur du troisième alinéa de l'art. 1449 ;
ce qu'il défend à la femme, c'est l'aliénation directe
de ses immeubles, parce qu'elle ne peut jamais
constituer un acte d'administration, tandis que le
deuxième alinéa lui a permis l'aliénation directe de
ses meubles, en tant qu'elle constituerait un acte de
ce genre. On reste donc purement et simplement
sous l'empire du premier alinéa de cet article,
lequel confère à la femme un droit dont il ne faut

pas lui rendre l'exercice impossible. (Duranton II, 492, Val. sur Proud. I, p. 465. Demol. IV, n° 161.)

Une autre question non moins grave et non moins débattue, est celle de savoir si la femme séparée de biens, peut jusqu'à concurrence de son mobilier, s'obliger valablement par des contrats étrangers à l'administration de ses biens, par voie d'achat, d'emprunt ou autrement ou par toute autre cause, comme l'acceptation d'un mandat ou d'un dépôt.

La négative me paraît certaine : elle résulte directement d'abord de l'art. 217 lui-même : « On ne peut, dit M. Valette, s'obliger que de deux manières, gratuitement, ou à titre onéreux. Or, la femme mariée ne peut s'obliger gratuitement car l'art. 217 ne lui permet pas de donner. Ainsi, par exemple, si elle accepte un mandat, elle donne au mandant une créance contre elle-même. Elle ne peut non plus s'obliger moyennant un équivalent, car le même art. 217 lui interdit d'acquérir à titre onéreux. »

La négative résulte encore des art. 220 et suivants, qui, sauf une exception, exigent l'autorisation pour contracter, c'est-à-dire tant pour s'obliger que pour aliéner. L'incapacité de s'obliger dont est frappée la femme mariée est donc indépendante de son incapacité d'aliéner, et ne cesse en aucune façon, lorsque cette dernière disparaît dans une certaine mesure. L'art. 1449 ne permet à la femme séparée de biens que d'aliéner ; elle reste donc quant à l'incapacité de contracter, soumise à la règle générale.

Si les rédacteurs du Code n'ont point, sur la proposition du tribunal, mentionné expressément l'incapacité de s'obliger, c'est sans doute parce qu'ils ont craint que l'expression s'obliger ne fût mal interprétée et appliquée même aux obligations qui naissent pour la femme de ses délits ou quasi-délits. (Val. sur Proud., I, p. 464. Aubry et Rau, § 472. Demol., IV, n° 163. — *Contra*, Cass. 18 mai 1819. Paris, 3 mars 1832. Lyon, 18 juin 1847.)

La femme séparée de biens ne peut donc point s'obliger au-delà des limites que nous venons de voir, mais elle le peut en deçà ; elle a alors libre carrière pour passer tous les contrats que comporte une administration libre et entière, car, à la différence des mineurs émancipés, auxquels l'art. 484 ne permet que les actes de pure administration, elle a l'administration la plus large (art. 1449 et 1536.)

Voyons quelques applications de ce principe.

Il n'est pas douteux que la femme puisse seule recevoir ses capitaux et donner quittance, même consentir la main levée d'une inscription hypothécaire, toucher ses revenus et payer ses dettes même immobilières, placer ses capitaux et ses revenus de telle manière qu'elle le juge convenable sur ce dernier point. Son droit va-t-il jusqu'à pouvoir, sans autorisation, acheter un usufruit et placer ses capitaux en rentes viagères? M. Demolombe ne le pense pas, et je suis porté à admettre son avis sur ce point. Je crois qu'il faut voir là, non plus un emploi, un placement, et, par conséquent, un acte d'administration, mais au contraire une véritable et dangereuse aliénation. (Demol., l. IV, nº 158. — *Contra*, Paris, 17 mai 1834.)

La femme séparée de biens, ayant la capacité de disposer de son mobilier, peut, conformément à l'art. 2045, transiger sur les difficultés relatives à son mobilier et à l'administration de ses biens. Mais il faut, malgré les termes de l'art. 1003 du Code de procédure analogues à ceux de l'art. 2045 du Code Napoléon, lui refuser le droit de compromettre dans les mêmes limites. Cela tient à ce que compromettre, c'est, jusqu'à un certain point, plaider, et aussi à ce que les causes des femmes non autorisées sont sujettes à communication au ministère public. (Art. 83 et 1004 C. proc.).

La femme séparée de biens a encore le droit de consentir sans autorisation des baux à loyer et à ferme, aux conditions ordinaires de ces contrats, c'est-à-dire , pour neuf ans seulement en règle général. (art. 595, 1429, 1430 et 1718.) Toutefois, nous croyons qu'il faudrait maintenir la validité de ceux mêmes qui dépasseraient cette durée, s'ils pouvaient rentrer dans la catégorie des actes d'administration. (Zachariæ III, p. 480 ; Demol. IV nº 154).

Nous savons que la femme séparée de biens, est capable de recevoir le paiement de ce qui lui est dû. Mais il n'en faut pas conclure, croyons-nous, qu'elle doive supporter toutes les conséquences des paie-

ments qu'elle recevra: aussi si elle a reçu l'indu ne
devra-t-elle être tenue que du profit qu'elle en aura
tirée. Exiger d'elle autre chose, serait lui imposer
une obligation personnelle qu'elle est incapable de
contracter. (Demol. IV, 182).

Terminons l'examen de l'incapacité de la femme
mariée en ce qui touche les contrats, par l'examen
de deux questions qui ne se rattachent pas directement à notre sujet, mais dont la gravité nous oblige
à dire un mot.

La première de ces difficultés consiste, à savoir :
si lorsque le mari, d'après les conventions matrimoniales conserve l'administration et la jouissance des
biens propres de la femme, comme sous le régime
de communauté et le régime dotal, un tiers peut
faire une libéralité à la femme, sous la condition
que le mari n'aura ni l'administration ni la jouissance du bien donné ou légué.

Nous croyons avec la jurisprudence et la majorité
des auteurs qu'il n'y a dans cette condition rien de
blessant pour l'autorité maritale, et que par conséquent, une pareille libéralité doit être maintenue.
(Toullier XII, nᵒ 142, — Duranton XIV, nᵒ 150, —
Demol. IV, nᵒ 171).

La seconde difficulté consiste à se demander si la
libre administration conférée à la femme en cas de
séparation de biens est de telle nature, que le mari
ne conserve pas toujours un certain droit de surveillance, et ne puisse pas demander à la justice que la

femme soit tenue de prendre telle ou telle précaution qu'il juge utile.

Après avoir d'abord admis l'affirmative avec d'imposantes autoritées, nous croyons au contraire, qu'il est difficile d'admettre cette administration rivale de la femme; car, bien que déguisé sous le nom de contrôle et de surveillance, ce droit accordé au mari dégénérerait en une rivalité de pouvoir : ce serait d'ailleurs, une atteinte à ce droit de libre administration, que la loi a permis à la femme de se réserver sans aucune restriction. Si la femme administre mal, elle en subira les conséquences; le mari ne pourrait intervenir qu'autant qu'elle dépasserait les limites de l'administration, ou quand il s'agit d'un acte pour lequel le devoir d'obéissance vient imposer un frein à la liberté de la femme. (Dijon 15 fév. 1844, — Contra Demol. IV, n° 173, Manol, séparat. de corps p. 224, n° 18).

CHAPITRE III.

DE LA CAPACITÉ QUE CONSERVE TOUJOURS
LA FEMME MARIÉE.

J'ai déjà eu l'occasion de rappeler dans cette matière la règle générale posée par l'art. 1123, que toute personne peut contracter si elle n'en est pas déclarée incapable par la loi, règle qui n'est, en définitive, que l'application en matière de contrats, de ce principe plus général, applicable à tous les temps et à toutes les législations, que les incapacités sont de droit étroit. Si considérable que soit donc l'incapacité de la femme mariée, elle n'est en définitive qu'une exception, et comme telle, elle ne doit pas être étendue au-delà des limites fixées par la loi elle-même. (Art. 1124.)

La femme peut donc faire sans autorisation tout acte qui ne rentre pas dans la catégorie de ceux qui lui sont prohibés, ou qui pouvant y rentrer, lui a néanmoins été permis, soit expressément, soit même implicitement. Sans prétendre énumérer tous les actes de cette nature, je vais parcourir les principaux et m'arrêter particulièrement à ceux qui ont été l'objet de controverses.

La femme mariée, peut sans autorisation, exercer sur la personne des enfants légitimes ou naturels qu'elle a eus d'un autre que de son mari, tous les droits de la puissance paternelle, les émanciper, consentir ou mettre obstacle à leur mariage. Ces droits sont les mêmes sur les enfants qu'elle a eus de son mari. (Art. 148, 935.)

La femme mariée peut, en général, prendre seule toutes les mesures qui ont uniquement pour objet la conservation ou la sureté de ses droits, pourvu que ces actes soient de telle nature qu'ils n'exigent pas l'introduction d'une demande en justice ou qu'ils ne lui imposent pas quelque obligation. Ainsi elle peut faire une sommation à ses débiteurs, à l'effet de les constituer en demeure, ou un protêt pour assurer ses droits contre les endosseurs d'une lettre de change. Elle peut, fut-elle mineure, présenter au président du tribunal les requêtes par lesquelles elle demande à plaider en séparation de corps et de biens ou toute autre autorisation judiciaire. Elle peut encore requérir les transcriptions prescrites par les articles 171 et 939, et faire inscrire soit son hypothèque légale sur les biens de son mari, soit toute autre hypothèque sur les biens d'un tiers. Ces actes sont valables sans aucun doute. Mais la femme qui les a ordonnés sans autorisation peut-elle payer à l'huissier qui les a faits, les frais qu'ils ont occasionnés? Nous admettons l'affirmative sans hésiter : la capacité qu'elle a de faire l'acte lui-même emporte implicitement la capacité accessoire de faire ce qui est nécessaire pour l'accomplir ; qui veut la fin, veut les moyens.

Mais la femme a besoin d'autorisation pour exercer par exemple, une surenchère sur les biens d'un tiers, ou pour suivre en justice les effets des actes conservatoires que nous avons indiqués, comme assigner en validité de saisie-arrêt ou en garantie d'un protèt fait à sa requête.

Il est logique de décider que les tiers peuvent réciproquement exercer des actes conservatoires contre la femme sans qu'il soit besoin d'autorisation, mais nous ne pouvons admettre avec certaines cours, qu'ils puissent exercer contre la femme des actes d'exécution.

La femme peut encore, sans autorisation, révoquer le mandat qu'elle a donné soit à un tiers, soit même à son mari. (Cass. 15 juil. 1824).

L'article 216 contient une dérogation importante à la première incapacité dont la loi frappe la femme, celle d'ester en jugement ; il y est dit que l'autorisation du mari n'est pas nécessaire, lorsque la femme est poursuivie en matière criminelle ou de police : ajoutons, ou en matière correctionnelle, suppléant une lacune qui évidemment n'existe pas dans l'esprit de la loi. Le motif est facile à saisir : jamais il n'y a, au criminel, comme au civil, d'intérêt possible à ce que la femme soit condamnée sans avoir été entendue : la justice commande au contraire, qu'on ne puisse infliger une peine à un accusé qui n'a pas eu les moyens de se défendre.

Voyons maintenant l'étendue de l'exception formulée par l'art. 216. On sait que l'auteur présumé d'un crime, d'un délit ou d'une ccontravention, peut être poursuivi soit par l'action publique, soit par l'action civile. Il n'est pas douteux que l'article 216 s'applique à la poursuite du ministère public. Quant à la poursuite de la partie civile, plusieurs hypothèses sont à prévoir. Et d'abord cette poursuite peut avoir lieu en même temps et devant les mêmes juges que celle du ministère public : la femme n'a pas alors besoin d'autorisation, *accessorium sequitur principale.*

Dans une seconde hypothèse, la partie civile forme sa demande à seule fin de dommages et intérêts devant le tribunal civil. Le texte et le motif de la loi exigent alors que la femme soit autorisée.

Que décider, dans une troisième hypothèse, si, dans le silence de l'action publique, la partie civile forme une demande en dommages-intérêts devant la juridiction correctionnelle? Nous croyons que la femme n'a pas besoin d'autorisation. L'art. 216 se refuse à toute distinction : d'ailleurs, il n'est pas exact de prétendre que l'action se réduise alors à un simple intérêt pécuniaire. Car, par cela seul que l'action est portée devant un tribunal de répression, le ministère public peut requérir jusqu'au dernier moment, et le tribunal saisi peut, s'il lui plaît, prononcer une peine contre la femme citée à sa barre.

Il faut donc que la défense soit libre de toutes entraves. (Val. Explic. som., p. 123. Demante, I, n° 289. Demol., IV, 143. — *Contra*, Aubry et Rau, IV, § 472).

La femme peut faire son testament sans autorisation : c'est en effet là un acte qui doit être l'œuvre tout à fait personnelle du testateur, et qui, de plus, ne produit ses effets que dans un temps où il n'existe plus ni mariage, ni puissance maritale.

De même, elle peut révoquer son testament dans les formes ordinaires.

La loi, par de sages motifs, a voulu que les donations faites entre époux pendant le mariage fussent toujours révocables : mais on comprend que, la faculté pour la femme de révoquer les donations par elle faites à son mari, eût été insignifiante, si elle n'avait pu l'exercer qu'avec l'autorisation de ce dernier. Aussi la loi l'en a-t-elle formellement dispensée dans une disposition presque superflue. (Art. 1096).

L'accession et la prescription s'appliquent évidemment, en tant que modes d'acquérir, soit à son profit, soit contre elle au profit des tiers, à la femme mariée dépourvue d'autorisation. Les art. 2254, 2256 ne font que suspendre la prescription en sa faveur dans certains cas spéciaux.

Le mandat, soit *ad litem*, soit *ad negotia*, peut être valablement conféré à la femme mariée sans autorisation (art. 1990), en ce sens que, malgré l'incapacité de cette dernière, le mandant sera lié par l'exécution du mandat, tant envers elle qu'envers les tiers avec lesquels elle aura contracté. D'ailleurs, la femme qui ne peut contracter d'obligation personnelle ni envers le mandant, ni envers les tiers, leur opposerait avec succès une fin de non-recevoir tirée de son incapacité, si elle était recherchée, soit en reddition de compte, soit par inexécution des obligations résultant de ce contrat. Elle ne pourrait être tenue que de l'action *in rem verso*, si elle s'était enrichie aux dépens du mandant, ou d'une action en dommages et intérêts, à raison d'un délit commis par elle, si elle avait détourné frauduleusement les objets qui lui étaient confiés.

La femme peut également sans autorisation, reconnaître les enfants naturels qu'elle a eus avant son mariage, soit de son mari, soit de tout autre. Les intérêts de la société non moins que les exigences de la morale veulent que la femme puisse faire cette déclaration, sans que l'influence capricieuse d'un mari puisse intervenir, même sans que la justice vienne soulever le voile dans lequel s'enveloppent les secrètes appréciations du cœur maternel. L'art. 337, confirme pleinement cette doctrine. (Aubry et Rau IV, § 472, — Demol. IV, n° 187).

Il me reste à parler de la capacité de la femme mariée, relativement aux quasi-contrats,, aux délits, aux quasi-délits, et aux obligations qui dérivent de la loi.

Quant aux délits et aux quasi-délits, ils obligent certainement la femme non pourvue de l'autorisation maritale ; cela n'a pas besoin de démonstration. Il est évident, que la femme mariée ne saurait cesser d'être responsable du dommage causé à autrui par son fait ou par sa faute, conformément à la règle générale de l'art. 1382.

Il faut décider aussi que l'autorisation n'est pas nécessaire pour que la femme soit obligée, lorsque l'engagement résulte de l'autorité seule de la loi, par exemple, de la gestion d'une tutelle, dans les cas où cette charge peut lui échoir. Toutes les fois que la loi donne un mandat à la femme, elle l'habilite par cela même à l'accepter et à le remplir. (Aubry et Rau IV, § 472, — Demol. IV, n° 170). C'est pourquoi on décide avec raison que la mère d'un mineur non émancipé, n'a pas besoin de l'autorisation de son mari pour exercer le droit, qui lui est conféré par l'art. 935, d'accepter au nom du mineur les donations faites à son profit.

Pour les quasi-contrats, notre avis est qu'il faut distinguer suivant qu'ils résultent du fait d'un tiers ou d'un fait personnel à la femme.

Au premier cas, si par exemple, un tiers a géré les affaires de la femme, il faut décider conformément au principe de droit commun que la femme sera obligée, et non pas seulement par l'action *de in rem verso ;* mais encore par l'action *negotiorum gestorum,* pourvu que la gestion ait été originaire-

8

ment utile et profitable. C'était déjà la doctrine de Pothier, et dans ces matières, où aucun texte ne nous éclaire, je crois qu'on ne peut mieux faire que d'adopter les idées reçues dans l'ancien droit, lorsqu'elles sont en harmonie avec les principes généraux de notre Code.

Lorsque le quasi-contrat résulte d'un fait personnel à la femme, nous croyons que l'incapacité de la femme subsiste et ne permet pas qu'elle soit obligée sans l'autorisation de son mari.

Et si nous faisons cette distinction, c'est que nous croyons avec M. Demolombe, que la loi a voulu « que la femme ne puisse pas par sa volonté, par son intention, par son fait personnel enfin, aliéner ou s'obliger sans autorisation : c'est sa volonté qu'on fait dépendante; tel est le but essentiel du principe de l'autorisation. » V. Pothier, puis. marit., n° 50. — C'est par suite de ces mêmes principes qu'aujourd'hui la femme est incapable d'accepter ou de répudier une succession (art. 776), ou d'accepter la charge d'exécutrice testamentaire (art. 1029.)

Si donc la femme a géré l'affaire d'autrui, nous devons décider qu'elle n'a pu s'obliger sans autorisation envers le maître, à moins que les fautes de sa gestion ne la constituent débitrice d'une réparation, ou qu'elle ne se soit enrichie à raison de cette gestion. Sans doute le maître pourra se trouver lésé malheureusement, si les fautes de la femme ne constituent pas des quasi délits, et si les tiers qui seraient devenus responsables, pour s'être mêlés à la gestion, sont devenus insolvables. Mais en fait il sera rare que le maître n'ait pas quelque recours qui vienne atténuer pour lui la rigueur de cette doctrine, la seule que nous croyons conforme sinon à l'équité et à la raison, du moins à l'esprit du Code. (Pothier, puissance du mari, n° 50, Aubry et Rau III, § 441. — Demol. IV, 18. — Contra Val. sur Proud. — Mourlon répét. écr. I, p. 402.)

Reste un quasi-contrat, le paiement de l'indu qui résulte tout à la fois du fait d'un tiers et du fait personnel de la femme. Deux hypothèses sont possibles : Si c'est la femme qui a payé, et qu'elle fut capable de le faire, le paiement est valable, et c'est à elle de prouver qu'il a été fait sans cause, parce que la dette n'existait pas (1235). Si c'est la femme qui a reçu le paiement, il faut, pour que la question se présente de savoir si elle est obligée, supposer qu'elle était capable de le recevoir, sans quoi elle ne serait tenue que *de in rem verso*, puis que le paiement n'aura pas éteint la dette même existante. Or, la femme ne peut avoir capacité pour recevoir un paiement que sous le régime de la séparation de biens, et nous avons cru pouvoir dire (ci-dessus, chap. II, § 4) que la femme ne peut être tenue pour avoir reçu l'indu que *quatenus locupletior facta est*, sans quoi elle contracterait une véritable obligation personnelle.

CHAPITRE IV.

DE L'AUTORISATION DU MARI; COMMENT ET A QUEL MOMENT ELLE DOIT ÊTRE DONNÉE.

§ 1. — *Notions préliminaires.*

L'incapacité de la femme mariée n'est pas absolue, c'est-à-dire qu'elle ne consiste pas en ce que les actes signalés au chapitre IV lui sont tout à fait interdits, mais seulement en ce qu'elle ne peut faire ces actes sans y avoir été valablement autorisée. Le premier point à examiner est celui de savoir de qui peut émaner l'autorisation indispensable à la femme mariée pour faire ces actes. La règle générale est qu'elle doit être donnée par le mari. Exceptionnellement elle peut l'être par la justice.

Il faut examiner ensuite dans quelles formes et à quel moment doit intervenir l'une ou l'autre de ces autorisations. C'est ce que je vais faire dans le présent chapitre pour l'autorisation du mari, et dans le chapitre suivant pour l'autorisation de justice.

§ II. — *Des conditions requises pour la validité de l'autorisation du mari.*

La seule condition qui puisse être considérée comme indispensable et que la loi indique comme telle pour la validité de l'autorisation du mari, est que cette autorisation soit *spéciale*.

Nos anciennes coutumes étaient loin d'être d'accord sur le point de savoir si l'autorisation devait être spéciale. La plupart distinguaient entre les autorisations accordées par le contrat de mariage, et celles accordées depuis le mariage, et n'admettaient que pour les premières la validité de l'autorisation générale. (Merlin, rép. I, autoris. mar., sect VI, § 2, art. 2.)

Le Code Napoléon s'est arrêté à une règle plus simple et plus absolue ; il exige dans tous les cas la spécialité de l'autorisation, comme on peut le voir à l'article 223 : « Toute autorisation générale, même stipulée par contrat de mariage, n'est valable que quant à l'administration des biens de la femme ; » et à l'article 1538, deuxième alinéa : « Toute autorisation générale d'aliéner les immeubles, donnée à la femme, soit par contrat de mariage, soit depuis, est nulle. » La règle porte avec elle une exception dont je m'occuperai plus loin, après avoir étudié l'application du principe.

Observons d'abord que les art. 223 et 1538 ne prohibent qu'une seule chose, c'est que le mari donne à sa femme une autorisation générale de faire pour elle-même et sous sa responsabilité à elle, des actes d'aliénation ou même d'administration.

Mais il est loisible au mari de donner à sa femme l'autorisation la plus générale, d'emprunter, d'aliéner, d'hypothéquer les biens de la communauté ou ses biens personnels à lui, ou même les biens personnels de sa femme dont l'administration lui appartient en vertu des conventions matrimoniales, lorsque la femme doit agir pour le compte et sous la responsabilité de son mari. Ce n'est pas alors, en effet, une autorisation, mais bien une procuration valable aux termes des articles 1987 et 1988.

Mais en quoi consiste le principe de la spécialité, et comment pourra-t-on reconnaître qu'une autorisation est spéciale? C'est là un point délicat qui a beaucoup exercé la réflexion des jurisconsultes. Aussi allons-nous étudier un certain nombre d'hypothèses dont la règle ressorte naturellement.

Il est évident que l'autorisation ne serait pas spéciale, si elle n'était donnée séparément pour chaque instance judiciaire, pour chaque acte juridique que la femme se propose de passer. L'autorisation ne serait pas non plus spéciale, si elle se rapportait à des actes juridiques déterminés seulement par leur nature. Il faut de plus que les objets ou les sommes sur lesquels ils devront porter, soient spécifiés ou

limités. Ainsi ne serait pas spéciale l'autorisation
donnée à une femme d'aliéner ou d'hypothéquer
ses immeubles ou de contracter des emprunts.

Mais que décider si un mari a autorisé sa femme à
aliéner, par exemple, les immeubles qu'elle possède à Paris, ou même un immeuble déterminé ?
Aux uns, une semblable autorisation paraît spéciale.
Ils argumentent du texte des articles 1538, 1987, du
but de la loi qui a voulu seulement empêcher ces
autorisations illimitées, qui tendent, dit Pothier, à
rendre la femme indépendante du mari, et à la
soustraire à sa puissance. On invoque enfin l'intérêt
des époux qui serait compromis par la nécessité
d'une spécialité plus grande, car on ne peut prévoir
à quelle époque et dans quelles conditions devra
intervenir l'aliénation qu'il s'agit d'autoriser. (Aubry
et Rau IV, § 472.)

Pour moi, je crois, au contraire, que c'est là mal
interpréter le texte et l'esprit des art. 223 et 1538,
qui doivent s'entendre *secundum subjectam ma-
teriam*. Nous pensons que le mari qui donnerait
une semblable autorisation abdiquerait une part de
sa puissance maritale, et ne veillerait pas d'assez
près aux intérêts matrimoniaux. Il faut, croyons-
nous, que l'autorisation soit donnée en vue d'un
acte à passer à une époque déterminée, avec fixation
du prix, et après examen des diverses conditions de
cet acte, autrement elle n'est pas spéciale. (Demante,
I, n° 306. Demol., IV, n° 207.)

Au contraire, la condition de spécialité serait suffisamment remplie dans une autorisation donnée à la femme d'aliéner, pour un certain prix et à telles conditions que le mari jugerait bon d'indiquer, tous les immeubles qu'elle possède actuellement. En effet, cette autorisation serait donnée alors en parfaite connaissance de cause, et peu importe, d'ailleurs, l'étendue ou la gravité des actes qu'elle serait destinée à valider.

De même le mari peut, dans un seul acte, donner à sa femme plusieurs autorisations spéciales pour plusieurs affaires différentes, pourvu que ces affaires soient spécialement désignées, et que mention soit faite des circonstances principales dans lesquelles elles doivent intervenir. La cour de cassation a donc jugé, avec raison, que l'autorisation donnée à la femme d'ester en jugement pour faire annuler les engagements par elle contractés avec son mari, est une autorisation spéciale. (Cass., 29 juin 1842.)

Il faut se garder d'appliquer à la spécialité de l'autorisation maritale, les règles par lesquelles on décide si un mandat est spécial ou général dans le sens indiqué par les art. 1987 et 1988. Ainsi, un mandat est spécial pourvu qu'il n'embrasse pas toutes les affaires du mandant; au contraire, l'autorisation n'est pas spéciale par cela seul qu'elle n'a pour objet qu'une seule catégorie d'actes à accomplir. Ainsi, l'autorisation donnée à la femme de faire des emprunts serait insuffisante, si elle n'en fixait

les conditions et le montant, de même que celle de
s'obliger comme caution pour tous les actes que
pourrait faire le mari.

Une dernière difficulté me reste à résoudre. Sup-
posons que la femme ait donné à son mari un mandat illimité d'aliéner, d'emprunter, d'hypothéquer,
de passer des actes juridiques, sans spécification des
objets ou sans limitation des sommes sur lesquelles
ils devront porter, faut-il dire qu'il résulte de l'acceptation de ce mandat par le mari une autorisation
tacite suffisante, et que la femme, étant valablement
représentée, se trouve valablement engagée envers
les tiers à raison des actes passés par le mari en
vertu d'une telle procuration?

Il est vrai qu'un pareil mandat, en lui-même,
peut être considéré comme valable. Il est vrai, encore, que le mari peut autoriser sa femme à contracter avec lui, et que l'acceptation qu'il fait du
mandat peut constituer de sa part une autorisation
tacite; mais ce mandat, valable en lui-même, peut-
il être consenti par une femme mariée? Là est toute
la question. Je la résous négativement.

En effet, si la femme conférait à un tiers un pareil
mandat, elle ne le pourrait faire qu'avec l'autorisation de son mari, et il n'est pas douteux que cette
autorisation serait générale. Le mandat lui-même
serait donc nul pour défaut de spécialité dans l'autorisation. Cette circonstance que, dans l'espèce, le
mandataire est le mari lui-même, n'enlève aucune

force à ce raisonnement, car elle ne change rien à
la nature de l'autorisation et ne saurait, par conséquent, la rendre valable. Ainsi le mandat, dont j'ai
supposé investi le mari, est complétement nul; il
ne lui donne pas le droit de représenter sa femme,
ni, par tant, de l'obliger envers les tiers. Et qu'on
ne dise pas : Mais l'autorisation du mari se spéciali-
sera toutes les fois qu'il fera un acte relatif à l'accomplissement du mandat. S'il aliène, par exemple,
un des immeubles de la femme, son intervention,
comme mandataire à l'acte d'aliénation, ne lui
donnera-t-elle pas connaissance des conditions dans
lesquelles elle s'accomplit, et l'acceptation du mandat renouvelé, pour ainsi dire, par cet acte d'exécution, n'équivaudra-t-elle pas de sa part à une autorisation spéciale?

L'argument est spécieux; toutefois, il ne contient
qu'une pétition de principes. Avant de supposer
que le mari exécute valablement le mandat, il faut
admettre qu'il est bien et dûment mandataire; or,
c'est là ce qui est en question et ce que je nie pour
ma part formellement.

Je puis maintenant formuler la règle générale relative à la spécialité, et je dis que l'autorisation n'est
spéciale qu'autant qu'elle est donnée pour chaque
affaire en connaissance de cause, c'est-à-dire après
examen de l'époque où elle devra avoir lieu et des
diverses conditions dans lesquelles elle devra s'accomplir. (Cass., 10 nov. 1862).

Comme la plupart des règles, celle de la spécialité de l'autorisation subit des exceptions. Elles sont
au nombre de deux : je vais brièvement les examiner.

La première est renfermée dans l'art. 223, à coté
du principe même de la spécialité. « Toute autorisation générale, dit cet article, même stipulée par
contrat de mariage, n'est valable que quant à l'administration des biens de la femme. » Donc une autorisation générale suffit pour permettre à la femme
les actes d'administration, mais elle ne peut résulter
que du contrat du mariage. Cette autorisation peut,
d'ailleurs, être stipulée dans tous les régimes (Comb.
les art. 1387, 1534, 1549). Elle résulte même implicitement de l'adoption du régime de séparation
de biens (art. 1536) et de celle du régime dotal, en
ce qui concerne les paraphernaux.

La seconde exception à la spécialité de l'autorisation concerne la femme marchande publique (art.
220 C. Nap. et 5 C. com.). « La femme, si elle est
marchande publique, peut, sans l'autorisation de
son mari, s'obliger pour ce qui concerne son négoce ; et, audit cas, elle oblige aussi son mari, s'il y
a communauté entre eux. » Ajoutons de suite qu'il
faut, pour que la femme soit considérée comme
commerçante, qu'elle exerce un commerce distinct
et séparé de celui de son mari. « La femme n'est
pas réputée marchande publique, si elle ne fait que
détailler les marchandises de son mari, mais seule-

ment quand elle fait un commerce séparé. » (Art. 220, 2ᵉ al.).

Il nous faut maintenant rechercher quelles sont les conditions requises, pour la validité de l'autorisation que le mari donne à sa femme.

Dans l'ancien droit, s'il suffisait que le mari eut autorisé de quelque manière que ce fut, sa femme à ester en jugement, il fallait quant aux actes extra-judiciaires que l'autorisation fut expresse et sacramentelle, il fallait le mot *autoriser* et ce fut une hardiesse de Pothier, de risquer le mot *habiliter*. Il n'en est plus de même aujourd'hui; l'autorisation du mari n'a jamais besoin de revêtir des formes solennelles: elle peut être tacite aussi bien qu'expresse. L'autorisation tacite, est celle qui résulte de la conduite qu'a implicitement tenue le mari par rapport à l'acte fait par sa femme.

Quelques détails sont nécessaires sur chacune de ces deux espèces d'autorisation :

1° Comment doit avoir lieu l'autorisation expresse? L'art. 217, il est vrai, désigne l'autorisation expresse par ces mots: le *consentement par écrit du mari*. Mais, il est peu probable que la loi ait exigé l'écriture, comme une solennité nécessaire à la validité de l'autorisation ; l'esprit général du Code n'exige, en effet, aucune forme particulière pour la manifestation du consentement, puisqu'il peut même être tacite et résulter du concours du mari dans l'acte ; nous pensons que l'art. 217 a voulu seulement écarter la possibilité de la preuve testimoniale, et par suite de la preuve résultant de simples présomptions. Cette interprétation est conforme à celle que donnent tous les auteurs sur l'art. 1582 alin. 2, en matière de vente, sur l'art. 2044 en matière de transaction, et sur l'art. 2085 en matière d'antichrèse. On pourra donc justifier de l'autorisation verbale, soit par l'aveu judiciaire (art. 1356), soit par le serment litis décisoire (art. 1361, 1363), du mari ou de la femme, avec cette observation que la perte par le mari de son droit d'intenter l'action en nullité, n'en laissera pas moins intacte l'action de la femme ou de ses héritiers. Nous admettrions même la preuve testimoniale, s'il existait un commencement de preuve par écrit, (art. 1349) ou lorsque l'acte rédigé pour constater l'autorisation a été perdu par suite d'un cas fortuit ou de force majeure. (art. 1348).

Le consentement par écrit dont parle l'art. 217, peut être donné dans un acte authentique ou sous seing-privé. Il peut l'être par acte sous seing-privé, ou par simple lettre, lors même que l'acte juridique que la femme se propose de passer doit, pour sa validité, être constaté dans la forme authentique. Il ne faut pas confondre l'autorisation maritale, pure condition de capacité personnelle, avec le mandat qui, lorsqu'il a pour objet un acte nécessitant la forme authentique, peut en quelque sorte, être considéré comme un des éléments de la forme de cet acte lui-même. (Aubry et Rau IV, § 472, — Demol. IV, n° 194).

Le mari peut donner son autorisation soit par lui-même, soit par un mandataire, mais il ne pourrait donner à un tiers le mandat vague et général d'autoriser sa femme à aliéner, à emprunter, sans déterminer lui-même quels biens, quelles sommes et à quelles conditions : Ce serait déléguer à un tiers la puissance maritale.

2° L'autorisation tacite résulte aux termes de l'article 217, *du concours du mari dans l'acte*.

L'article 215 ne reproduit pas ces expressions : toutefois il serait inexact d'en conclure que le concours du mari dans l'instance ne suffit pas pour autoriser la femme à ester en jugement. Le législateur ne l'a pas formellement déclaré pour ce dernier cas, parce que déjà dans l'ancien droit on admettait l'autorisation tacite en matière judiciaire ; or, on ne pourrait concevoir que le Code qui a rejeté l'ancien formalisme là où il eut pu se comprendre, l'eut conservé là où il serait incompréhensible. Au reste, le mot assistance se trouvait d'abord dans l'art. 215 lui-même, à la place du mot autorisation qui ne lui a été substitué que par une raison de style, pour éviter une redondance. L'autorisation tacite du mari est donc suffisante pour permettre à la femme d'ester en jugement, et tout le monde convient, en effet, qu'elle est autorisée à se défendre, par cela seul que son mari intente une action contre elle. (Merlin,

rép. I. autor. marit., sect. VI, § 1. — Demol. IV,
191, Cass. 22 avril 1828.)

Aux termes de l'article 217, l'autorisation tacite
résulte du concours du mari dans l'acte, et rien n'est
plus rationnel. Mais quand pourra-t-on dire qu'il y
a eu concours du mari dans l'acte et par conséquent
autorisation ? C'est là une question de fait laissée à
l'appréciation des tribunaux.

Il nous parait difficile de faire résulter l'autorisation tacite d'autres circonstances que du concours du
mari dans l'acte, par exemple, de sa conduite personnelle, du fait qu'il aurait connu et toléré ou même
qu'il a conseillé l'acte fait par sa femme ; le Code, en
effet, est très-formel à cet égard. On peut admettre,
cependant, en ce qui concerne l'autorisation de faire
le commerce, qu'elle peut s'induire d'autres circonstances : par exemple, de ce que le mari aurait
connu et toléré la conduite de la femme. (Cass. 14
novembre 1820, 27 mars 1832 ; Val. sur Proud. I,
p. 146. — Demol. IV, p. 230.) L'article 4 du code
de commerce n'exige en effet que le consentement
du mari, et l'ancien droit, déjà si rigoureux à l'en-
droit de l'autorisation, se contentait aussi, dans ce
cas, du consentement tacite, ou plutôt de la tolé-
rance du mari. Pothier (n° 22) ajoute que la plus
grande publicité de la profession de commerçante
ne permettra guère les contestations que l'art. 217
a voulu prévenir, quant au point de savoir si le mari
a connu ou ignoré l'acte en question ; on peut donc

être plus large sur les moyens de preuve de l'autorisation : cela est utile enfin à la bonne foi et à la sécurité, si nécessaires dans le commerce.

§ III. — *Du moment auquel doit intervenir l'autorisation du mari.*

Il faut que l'autorisation du mari, pour être efficace, soit donnée avant l'acte, ou tout au moins dans l'acte même pour lequel la femme en a besoin. Cela résulte de l'art. 217 qui, d'une part, n'exige pas que le consentement par écrit soit donné avant la passation de l'acte, et d'autre part, regarde comme suffisant le concours du mari dans ce même acte.

Mais une fois l'affaire finie, l'autorisation peut-elle encore valablement intervenir?

L'affirmative est enseignée par les meilleurs esprits. (Proudhon I, p. 458; Marcadé, sur l'art. 225, n° 1. — Dijon 1er août 1818.) L'acte qu'a fait la femme, sans autorisation de son mari, dit-on, n'est point radicalement nul; c'est seulement un acte vicieux et susceptible d'être annulé, mais susceptible aussi d'être validé par un fait postérieur venant lui communiquer l'élément dont il manquait pour sa validité complète.

Nos adversaires font, ce nous semble, une confusion entre l'autorisation et la ratification. L'art. 217

exige que la femme ne puisse faire certains actes sans le consentement ou le concours du mari; si cette condition exigée par la loi vient à manquer, l'acte est nul dans son principe ; deux actions en nullité sont ouvertes; l'une au profit de la femme, or, en principe et à moins d'une dérogation expresse formulée par la loi, un droit ou une action étant ouvertes au profit d'une personne, cette personne ne saurait en être dépouillé sans son aveu et par le fait d'autrui. Le mari peut sans doute ratifier l'acte, c'est-à-dire, renoncer à son action en nullité ; mais il ne peut, par son fait seul, rendre valable un acte qui ne l'était pas, et enlever ainsi à la femme le droit qu'elle a de faire tomber l'acte. Car, c'est en cela que réside l'intérêt de notre système, en ce que la femme, qui a contracté sans autorisation, peut exercer son action en nullité malgré la ratification de son mari. Qu'on ne dise pas que la femme persé-vère dans son consentement par cela même, qu'elle reste dans l'inaction et que si donc le consentement du mari survient, les deux volontés concourrent et donnent à l'acte la force qui lui manquait.

Ce raisonnement tombe de lui-même devant cette explication naturelle, que si la femme reste dans l'inaction, c'est parce que pour attaquer en justice l'acte qu'elle a fait, il lui faudrait révéler à son mari la faute qu'elle a commise au mépris de sa puissance; or, c'est ce que, par faiblesse ou par crainte, elle n'ose point faire. Et la loi l'a si bien senti qu'elle a

9

suspendu pendant le mariage au profit de la femme, la prescription de l'action en nullité qu'elle lui confère. (art. 1304).

De plus, si l'on admet, ce que je crois vrai, que l'action en nullité de l'art. 1304, qui ne commence à se prescrire contre la femme qu'à la dissolution du mariage, se prescrit au contraire contre le mari du jour où il a eu connaissance de l'acte, on arrive à cette conséquence que le délai de dix ans emportant ratification tacite de la part du mari, emporte du même coup prescription de l'action en nullité qui appartient à la femme. Or, c'est là une violation flagrante de l'art. 1304. La ratification d'un acte, fait par la femme sans l'autorisation de son mari, n'est donc possible pendant le mariage, qu'autant qu'elle est faite par les deux époux ensemble. (Duranton, II, 518 Val. sur Proud. I, p. 467, Demol. IV, 211, Cass. 26 juin 1839, Paris 12 mai 1059).

CHAPITRE V.

DE L'AUTORISATION DE JUSTICE.

§ I. — *Des cas où la justice est appelée à exercer le droit d'autorisation.*

En principe, l'autorisation doit émaner du mari; mais la loi devait prévoir, soit les refus injustes du mari, soit les impossibilités où il se trouverait de donner à sa femme l'autorisation nécessaire : la justice viendra dans ces cas suppléer le mari et habilitera la femme.

L'impossibilité pour le mari d'autoriser sa femme, résulte de certaines circonstances, soit d'un ordre physique, soit d'un ordre purement légal, que je vais parcourir. C'est :

1° *L'absence du mari* (art. 222).

Cela doit s'entendre, non-seulement de l'absence déclarée ou présumée du mari, mais encore de sa non-présence. La généralité des termes de l'art. 222 ne se refuse pas à la solution de ce dernier point; cette solution, d'ailleurs admise dans l'ancien Droit, pourra être nécessaire en présence des besoins urgents qui ne permettent pas à la femme d'attendre le retour du mari en voyage. Les tribunaux auront, d'ailleurs, à apprécier les circonstances de fait (Pothier, Puiss. marit., n° 12).

2° *Interdiction du mari* (art. 222).

L'interdiction du mari devait nécessairement lui enlever le droit de conférer une capacité dont il est lui-même privé. Point de difficultés, s'il existe un jugement d'interdiction (art. 502). Mais si le mari n'était pas interdit lorsqu'il a accordé l'autorisation, sera-t-on admis à soutenir que l'autorisation donnée par lui n'a pu être valable, parce qu'à l'époque où elle est intervenue, il était privé de l'usage de ses facultés intellectuelles ? Je le crois, malgré le silence de l'art. 222 : il n'est pas besoin d'un texte formel pour dire que le consentement du mari doit être avant tout, pour sa validité, soumis aux règles du droit commun. (Val. sur Proud., II, p. 540. Demol., IV, 223). Quant aux tiers qui auraient traité avec la femme pourvue d'une semblable autorisation, il faut leur tenir compte, dans une certaine mesure, de leur bonne foi, lorsqu'ils ont été dans l'ignorance de la situation du mari. (Arg. des art. 2008, 2009).

L'interdiction du mari amène une situation assez singulière dans le cas où c'est la femme qui devient sa tutrice (art. 507.) Elle peut faire alors, sans autorisation, toute espèce d'actes permis aux tuteurs,

non-seulement quant aux biens personnels du mari,
mais encore quant aux biens de la communauté, ou
à ses biens personnels dont le mari avait l'administration. Mais toutes les fois qu'elle agit, non comme
tutrice, mais comme femme mariée, il lui faut l'autorisation de justice.

Le mari doit, le plus souvent, être considéré
comme incapable d'autoriser sa femme, lorsque,
sans être interdit, il est placé dans une maison d'a-
liénés (art. 39, loi du 30 juin 1838.)

*3° Condamnation du mari à une peine afflic-
tive et infâmante* (art. 121).

Le mari frappé d'une semblable condamnation est
tout à la fois indigne et physiquement incapable
d'autoriser sa femme.

On s'est demandé si la dégradation civique était
une des peines qui entraînaient par elles-mêmes la
déchéance des attributs de la puissance maritale. La
négative ressort avec évidence de l'art. 34 du Code
pénal, qui ne met pas la déchéance dont il s'agit au
nombre de celles que produit la dégradation civique,
et de ces mots de l'art. 221 « pendant la durée de la
peine, » qui font bien voir que la déchéance s'applique à une peine temporaire, non à une peine perpétuelle, comme la dégradation civique. D'ailleurs,
la dégradation civique se trouvant attachée à toutes
les peines afflictives et infâmantes, l'incapacité prononcée par l'art. 221 eût toujours été perpétuelle,

ce qui est contraire à l'esprit comme à la lettre du Code. (Val. sur Proud., I, 470.—Aubry et Rau, IV, § 472).

Cet article 221 soulève une autre difficulté résultant de ces mots : *encore que la condamnation n'ait été prononcée que par contumace*; car aux termes de l'article 476 du Code d'instruction criminelle, le fait seul de la représentation du contumax anéantit l'arrêt de condamnation, d'où il suit que jusque là il ne subit point sa peine. Le seul moyen d'expliquer les expressions de l'art. 221, c'est de les entendre en ce sens que la déchéance prononcée contre le mari est encourue par lui pendant la durée de la contumace, prenant ainsi pour la durée de la peine, le temps que le condamné par contumace met à la prescrire. (Val. sur Proud. I, p. 71. Demol. IV, 218).

4° *Minorité du mari (art. 224).*

Comment, disait M. Portalis, le mari pourrait-il autoriser les autres, quand il a lui-même besoin d'autorisation.

Le mari mineur est émancipé par le mariage, et, par conséquent, capable de traiter certaines affaires par lui-même et sans l'assistance de son curateur. Tout le monde admet que, pour ces mêmes affaires, il peut aussi autoriser sa femme. Cette exception à l'article 224 résulte du principe même sur lequel repose la disposition de cet article, mais elle a peu d'importance pratique. En effet, les actes que le

mari mineur émancipé peut faire seul, sont les actes
d'administration; or, si l'administration des biens
personnels de sa femme lui revient en vertu des
conventions matrimoniales, il y pourvoira lui-
même; si c'est à la femme qu'elle appartient, celle-
ci n'aura pas besoin d'autorisation pour l'exercer.
La même observation s'applique aux actions mobilières ou possessoires que le mineur émancipé peut
intenter et auxquelles il peut défendre sans l'assistance de son curateur (arg. des articles 482 et 1428)
mais dont l'exercice lui appartient le plus souvent
pendant le mariage. Si cependant l'exercice en ap-
partenait à la femme, comme sous le régime de séparation de biens ou sous le régime dotal, lorsqu'il
y a des paraphernaux, on pourrait trouver à appliquer notre exception. (Aubry et Rau. I, § 132. Demol. IV, 221).

5° *Le mari est pourvu d'un conseil judiciaire.*

C'est alors la justice qui doit autoriser la femme
pour tous les actes qui rentrent dans la catégorie
de ceux que le mari ne peut faire valablement sans
l'assistance de son conseil. La loi ne le dit pas expressément, mais son esprit commande cette décision. On ne saurait admettre que le mari puisse
autoriser sa femme et passer un acte qu'il est incapable de faire lui-même. (Aubry et Rau IV, § 472;
Demol. IV, 226.)

Nous rejetons une opinion intermédiaire de la

Cour de Paris (27 août 1833) et d'après laquelle le mari
pourvu d'un conseil judiciaire, serait néanmoins capable d'autoriser sa femme, mais seulement avec
l'assistance de son conseil. La loi n'a voulu permettre à personne de s'ingérer dans les affaires du
ménage et dans celles de la femme, sinon au mari,
et à son défaut, à la justice. On peut d'ailleurs citer
d'autres hypothèses dans lesquelles la loi ne parlant
que de l'interdit, tout le monde convient cependant
qu'il faut lui assimiler le pourvu d'un conseil judiciaire, par exemple, lorsqu'il s'agit de l'incapacité
de faire partie d'un conseil de famille. (Art. 142.)
(Aubry et Rau I, § 92.) De même, en cas de minorité
du mari, ce n'est pas le mineur assisté de son curateur qui autorise sa femme, mais seulement la justice. (Cass. 11 août 1840.)

Il est diverses situations légales de la femme, qui
sans nécessiter l'autorisation de justice, ne laissent
pas que d'apporter quelque obstacle à l'exercice de
la puissance paternelle.

1° Et d'abord, si la femme est mineure, son mari,
s'il est majeur, lui sert de curateur ; d'où cette conséquence qu'elle peut faire avec la seule autorisation
de son mari les actes que peut faire un mineur
émancipé avec l'assistance de son curateur (art. 182)
et que pour tous les autres actes, il lui faudra,
comme à tout autre mineur émancipé, l'autorisation
du conseil de famille, et l'homologation du tribunal
(art. 84.) Si le mari est lui-même mineur, le tribu-

nal désigne alors à la femme un curateur pour chaque affaire ou curateur ad hoc. (Art. 2208.)

2° Si la femme est interdite, elle n'a plus besoin d'aucune autorisation, car elle a perdu tous ses droits par le fait de l'interdiction.

De deux choses l'une ; ou le mari sera, conformément à l'article 506, le tuteur de sa femme, et alors il la représentera dans tous les actes de la vie civile, comme un tuteur représente son pupille ; ou le mari se trouvant excusé, exclu ou destitué de la tutelle, la femme aura un tuteur étranger dont les pouvoirs se trouveront déterminés par les règles ordinaires de la tutelle. (Art. 509.) Aucun motif ne saurait alors obliger ce tuteur étranger à prendre l'autorisation du mari ou de la justice.

Si la femme est pourvue d'un conseil judiciaire, on admet généralement que l'autorité maritale n'en subsiste pas moins dans toute sa force, et qu'il y a donc lieu à requérir l'autorisation maritale concurremment avec celle du conseil. J'avoue pour ma part, que je ne crois pas sans difficultés de faire marcher de front ces deux ordres de conditions. (V. Aubry et Rau IV, § 472. — Demol. IV, 229.)

§ II. — *Des cas dans lesquels l'autorisation du mari ne peut pas être suppléée par celle de justice.*

Il est des cas dans lesquels l'autorisation de justice ne peut remplacer celle du mari. C'est :

1° Lorsque n'étant pas séparée de biens, la femme veut accepter la charge d'exécutrice testamentaire, c'est qu'en effet, l'exécuteur testamentaire n'est pas un mandataire comme un autre : il est imposé à ceux dont il fait l'affaire, et ne peut être révoqué par eux. La loi devait donc vouloir que son intervention forcée fut soumise à une garantie sérieuse et efficace. Or, l'autorisation de justice ne peut porter atteinte à la jouissance des biens de la femme, qui appartiendrait au mari en vertu du contrat de mariage. La loi a pensé que les héritiers ne trouveraient pas une garantie suffisante dans la nue propriété de ces biens. De là, la disposition de l'art. 1029.

Du motif qui a décidé le législateur, il résulte que l'autorisation de justice sera valable à habiliter la femme, quand celle-ci aura la jouissance de ses biens ou d'une partie suffisante pour assurer une garantie efficace aux parties intéressées. (Troplong, Donat IV, 2015. — Demol. IV, 247).

2° Lorsque la femme veut faire un compromis,

car on ne peut compromettre sur aucune des contestations qui sont sujettes à communication au ministère public, (art. 1004 du Code de procédure) et les
causes des femmes non autorisées de leur mari sont
de cette nature. (art. 83, 6° du Code de procédure).

3° Lorsque mariée sous le régime dotal, elle veut
donner ses biens dotaux pour l'établissement des
enfants communs. (art. 1556). Le motif de cette
exception qui suppose au mari des raisons suffisantes
pour s'opposer à l'aliénation de ces biens, doit en
déterminer l'étendue ; elle ne s'applique donc qu'au
cas où le mari est présent, et en état d'accorder ou
de refuser son autorisation. Les exceptions étant
strictissimæ interpretationis, nous n'applique-
rons la disposition de l'art. 1556 qu'aux biens dotaux,
sous le régime dotal, et pour les enfants communs.

4° Lorsqu'il s'agit pour la femme de faire le commerce. La justice ne peut jamais autoriser la femme
à faire le commerce, ni en cas de refus, ni en cas
d'absence ou d'incapacité du mari, ni sous le régime
de la communauté, ni lorsqu'il y a séparation de
biens entre les époux, ou même séparation de corps
et de biens. Aucune de ces distinctions ne me paraît
acceptable, parce qu'aucune n'est suffisamment
fondée en droit, si raisonnable qu'elle soit d'ailleurs,
et si conforme qu'elle puisse paraître aux intérêts
bien entendus de la femme et de l'association conjugale.

La seule théorie rationelle à l'encontre de celle

que j'admets, serait une théorie radicale admettant dans tous les cas la possibilité d'une autorisation de justice pour habiliter la femme à faire le commerce, d'après ce principe qu'aucun texte positif ne prononce d'exception au droit commun sur la matière qui nous occupe.

L'opinion qui refuse à la justice le droit de suppléer à l'autorisation du mari sur ce point, nous paraît ressortir avec clarté, des termes de l'art. 220 du Code Napoléon, de ceux de l'art. 4 du Code de commerce, du silence des art. 218, 219, 222, 224 si nets cependant sur les autres points, enfin des travaux préparatoires qui nous montrent les rédacteurs, ne disant pas un mot de la justice, mais se préoccupant toujours de cette idée qu'il fallait que le mari lui-même connût le commerce fait par sa femme.

D'ailleurs, il y aurait des inconvénients fort graves à permettre que la justice intervînt ici à la place du mari. Il n'est pas bon que la femme puisse, sans l'aveu de son mari et même contre son gré, tenir boutique ouverte, souscrire les engagements commerciaux les plus compromettants, exposer sa fortune et celle de ses enfants, affronter même le déshonneur de la faillite et peut-être de la banqueroute. (V. Bravard, Manuel de dr. com., p. 18. Aubry et Rau, IV, § 472. Demol., IV, 248. — *Contra*, Duranton, II, 478. Marcadé, sur l'art. 220, Grenoble, 27 janv. 1863). La justice ne pourra pas non plus autoriser la femme à continuer le commerce, si le mari vient à révoquer le consentement qu'il lui avait d'abord donné à cet effet.

On reconnaît toutefois, en général, le droit pour les tribunaux d'intervenir et d'ajourner l'effet d'une révocation que le mari ferait d'une manière brusque et intempestive, dans l'intention de nuire à sa femme.

Nous croyons, avec M. Demolombe, que la justice ne peut, malgré le mari, autoriser sa femme à publier des œuvres littéraires ou à faire représenter des œuvres dramatiques, parce que c'est la direction morale de la famille, bien plutôt qu'un intérêt pécuniaire, qui est alors en question.

Disons enfin, en terminant, que l'autorisation du mari ne nous paraît pas suffisante, en cas de minorité de sa femme, pour l'habiliter à faire le commerce (art. 2 C. com).

§ III. — *De la compétence du tribunal qui doit accorder l'autorisation, et de la procédure qu'il faut suivre pour l'obtenir.*

I. — La compétence du tribunal appelé à autoriser la femme, varie suivant qu'il s'agit d'une autorisation pour contracter, ou d'une autorisation pour plaider.

C'est au tribunal de première instance de l'arrondissement du domicile commun, c'est-à-dire du domicile du mari, que la femme doit, dans tous les cas, demander l'autorisation de contracter (art. 219). Cette règle ne souffre d'exception qu'en cas de séparation de corps; c'est alors au tribunal du domicile de la femme qu'il faut s'adresser, et cela, croyons-nous, même dans le cas où le mari sera appelé pour fournir des explications. (Paris, 28 mai 1864. — Val. Explic., C. Nap., p. 122. — Demol., IV, 250).

La même règle et la même exception doivent s'appliquer, lorsque la femme sollicite de la justice l'autorisation de plaider comme demanderesse.

Ce que nous disons se réfère au cas où la femme veut plaider comme demanderesse en première instance. Que décider si elle veut interjeter appel devant la cour impériale? L'ordre public en même temps que l'ordre des juridictions nous paraissent exiger que ce soit la cour elle-même qui donne l'autorisation. (Cass. 2 août 1853, Besançon, 20 mai 1864, Demol. IV, 262. — Contrà Aix, 13 mars 1862.)

De même s'il s'agit pour la femme de se pourvoir en cassation contre un arrêt de la cour impériale, les mêmes raisons nous font penser que la femme devra s'adresser à la cour de Cassation pour obtenir l'autorisation de former son pourvoi. (Demol. IV, 263.)

Reste le cas où la femme est défenderesse devant un tribunal de quelque juridiction qu'il soit. L'autorisation n'étant alors qu'une formalité accessoire, et comme un simple incident de la cause principale, nous croyons que c'est à la juridiction devant laquelle elle sera appelée pour se défendre, qu'il appartiendra de l'autoriser. Cette autorisation, suivant les circonstances, pourra être donnée à la femme par un tribunal de première instance, par une cour impériale, par la cour de Cassation, par un tribunal de commerce, et même par un juge de paix. (Cass. 17 août 1813, Demol. IV, 263.)

II. — Parcourons maintenant les diverses formalités de la procédure en autorisation. Elles sont indiquées dans les articles 861 à 864 du code de procédure.

L'article 861 renferme une première exception aux règles générales de la procédure. En matière d'autorisation, tout doit se passer dans la chambre du conseil, par conséquent sans publicité. Cela s'explique facilement par la nature du débat, et par le but que la loi se propose d'atteindre, la conciliation des époux.

Les auteurs ne sont pas d'accord sur l'étendue qu'il faut donner à cette exception. Les uns veulent que le jugement soit tout au moins rendu à l'audience publique. Les autres pensent que les conclusions du ministère public doivent elles-mêmes y être prises. Quelques-uns, enfin, et nous nous rangeons à leur opinion, tiennent que tout doit se passer dans la chambre du conseil : explications des époux, plaidoieries des avocats, s'il y en a, rapport du juge commis, conclusions du ministère public et enfin jugement.

Ces dérogations au droit commun nous paraissent résulter de l'article 871 du Code de procédure et surtout de l'esprit de la loi que M. Berlier mettait bien en relief dans la discussion du Code lorsqu'il disait que la procédure serait « non-seulement sommaire, mais exempte d'une publicité que la qualité des parties et la nature des débats rendraient toujours fâcheuse. »

De ce que la procédure d'autorisation est tout exceptionnelle, il suit que le ministère des avoués y est seulement facultatif.

Quand aux différents actes de la procédure en autorisation, depuis la sommation faite par la femme au mari jusqu'au jugement, je n'ai pas besoin de les énumérer ici; il suffit, pour les connaître, de recourir aux articles du Code de procédure, déjà indiqués (861-864).

On s'est demandé si ce mode de procéder doit être suivi dans tous les cas. Et, d'abord, les articles 861 et suivants, qui ne prévoient que le cas où la femme *veut se faire autoriser à la poursuite de ses droits*, doivent-ils encore s'appliquer lorsqu'elle veut obtenir l'autorisation de justice pour contracter, ou faut-il, obéissant au texte de l'art. 219 du Code civil, décider que la femme pourra faire citer directement son mari, sans aucune sommation, requête, ni ordonnance préalable? Nous croyons qu'il faut se conformer aux prescriptions de l'art. 861 C. proc., parce que cet article est postérieur à l'art. 219, et qu'il est en même temps plus conforme à l'idée de respect qui doit toujours présider aux rapports de la femme avec son mari.

Si le mari est mineur, faut-il que la femme lui fasse une sommation? Non, évidemment, puisqu'il ne peut ni accorder, ni, par conséquent, refuser son autorisation. Il n'est pas non plus indispensable à la validité de la procédure, qu'il soit appelé en la Chambre du conseil, car la citation du mari en la Chambre du conseil n'est que la conséquence de son refus d'obtempérer à la sommation à lui adressée. Il en est de même en ce qui concerne la comparution en la Chambre du conseil, si le mari est pourvu d'un conseil judiciaire. Quant à la sommation, elle sera seulement exigée lorsque la femme voudra se faire habiliter à des actes pour lesquels le mari n'a pas besoin de l'assistance de son conseil.

Lorsque le mari est absent, frappé d'interdiction, ou d'une condamnation à une peine afflictive et infamante, il n'est pas, bien entendu, appelé en la chambre du conseil : la femme joint à sa requête l'acte ou le jugement qui prouve l'absence, l'interdiction ou la condamnation. (Art. 864 C. pr. et 221 du C. Nap.).

On a vu que la femme, qui veut plaider en appel, doit y être autorisée par la Cour impériale. Il faut

10

suivre alors devant cette Cour les mêmes formes qu'en première instance. Les motifs sont les mêmes, et, d'après l'art. 470 du Code de procédure, les règles établies pour les tribunaux inférieurs doivent être observées devant les cours impériales, à moins qu'il n'y ait été formellement dérogé. (Demol., IV, p. 341, Cass. 21 janv. 1846. — *Contra* Cass., 23 août 1826).

Enfin, les règles établies au Code de procédure ne peuvent trouver leur application lorsque la femme est défenderesse. C'est alors au tiers demandeur qu'il appartient d'assigner lui-même le mari, afin de le mettre en demeure d'autoriser sa femme. Que si ce dernier refuse ou fait défaut, le tribunal accorde l'autorisation sur les conclusions du demandeur. Ce n'est là qu'une simple formalité. (Cass., 10 mars 1858. Demol., IV, p. 346).

§ IV. — *Des conditions requises pour la validité de l'autorisation de justice, et du moment où elle doit être donnée.*

Après avoir parlé des formalités extrinsèques indispensables à l'autorisation de justice, parcourons les qualités intrinsèques indispensables à sa validité.

La condition de spécialité, qui était la seule exigée pour l'autorisation maritale, doit se rencontrer également dans l'autorisation de justice : il faut donc appliquer ici les règles développées au chapitre précédent.

L'autorisation du mari peut être expresse ou tacite. Il n'en est pas de même de celle de la justice. Personne ne le conteste, du moins quand elle a pour but d'habiliter la femme, soit à passer un acte, soit à plaider comme demanderesse. Mais des auteurs, appuyés par l'autorité de la cour de Cassation (21 février 1853), soutiennent que l'autorisation pour la femme d'ester en jugement comme défenderesse, peut résulter de ce que, par exemple, le tribunal l'a laissée plaider, a instruit l'affaire et prononcé le jugement sans la relever formellement de son incapacité. Je crois cette solution contraire à l'esprit de la loi, qui veut trouver, dans une décision expresse, la preuve que la justice s'est occupée spécialement du point dont il s'agit. (Cass., 5 août 1840. — Duranton, II, 466. Demol., IV, 268).

L'autorisation du mari doit être antérieure, ou du moins concomitante à l'acte au sujet duquel elle elle intervient. En est-il de même de l'autorisation de justice? L'affirmative ne me semble pas douteuse, malgré les raisons graves qu'apporte M. Demolombe en faveur de l'opinion contraire. Dire que la justice peut habiliter la femme à consentir la ratification de manière à enlever désormais au mari lui-même son action en nullité, car telle est le fond de la question, n'est-ce pas violer ouvertement cette règle : que la ratification ne peut avoir lieu au pré-

judice du droit des tiers? (Art. 1338). N'est-ce pas
rendre opposable au mari l'autorisation de justice?
N'est-ce point enfin encourager l'insubordination
et l'indiscipline de la femme, désarmer l'autorité
maritale, et l'humilier? (Cass., 15 juin 1842).

De même que la justice peut accorder à la femme
l'autorisation en connaissance de cause, de même
elle peut la refuser ou n'accorder cette autorisation
que moyennant certaines conditions qu'elle jugerait
utiles et sans la garantie desquelles elle croirait devoir refuser.

La justice peut, à notre avis, refuser son autorisation à la femme, même lorsqu'elle doit plaider
comme défenderesse.

La femme sera alors condamnée par défaut, ce
qui pourra lui éviter des dépens considérables, et
peut-être même des dommages et intérêts.

Conformément au droit commun, la femme à qui
le tribunal refuse l'autorisation, peut interjeter appel. Le mari a le même droit dans le cas contraire,
c'est-à-dire lorsque l'autorisation a été accordée, s'il
pense qu'elle l'a été mal à propos.

§. V. — *Du cas où la femme s'oblige envers un
tiers dans l'intérêt de son mari, et de celui
où elle contracte directement avec son mari
lui-même.*

Cette double hypothèse donne lieu à une difficulté fort grave. Lorsque l'acte que fait la femme

est dans l'intérêt du mari, la seule autorisation de celui-ci suffit-elle, ou faut-il encore celle de la justice? Suivant MM. Delvincourt et Demolombe, l'autorisation du mari suffit. La maxime *nemo potest esse auctor in rem suam*, établie seulement en matière de tutelle, ne s'aurait s'appliquer à la puissance maritale, dont les principes sont différents.

L'autorisation exigée, à la fois par respect pour l'autorisation maritale et pour la protection des intérêts matrimoniaux, ne saurait être considérée comme un acte de tutelle que le mari fut incapable d'exercer lui-même dans ses rapports avec sa femme.

Cette opinion semble consacrée par le décret du 17 mai 1809, qui permet à la femme de constituer un majorat sur ses propres biens, avec la seule autorisation de son mari. Tous les auteurs sont aujourd'hui d'accord pour reconnaître la vérité de cette doctrine, dans le cas où la femme s'oblige envers un tiers dans l'intérêt de son mari : les textes sont formels (art. 217, 218, 219, 1419, 1431). Et, d'ailleurs, le contrat ne profite au mari qu'indirectement, *per consequentiam;* quant à l'objection tirée de l'art. 1427, elle tombe, dès que l'on compare cet article au précédent pour en déterminer la portée.

Mais beaucoup d'auteurs sont d'un avis différent, lorsque le contrat se passe directement entre le mari et la femme : alors, disent-ils, ce mari est réellement *auctor in rem suam*; son influence est fort à craindre; l'autorisation de justice est nécessaire. Mais nous croyons qu'en présence de la généralité des termes de l'art. 217, lorsque surtout on admet la première proposition, il devient arbitraire de repousser la seconde par une distinction qui ne résulte ni de la lettre ni de l'esprit de la loi.

La femme ne court guère moins de dangers lorsqu'elle traite avec des tiers dans l'intérêt de son mari, que lorsqu'elle contracte avec ce dernier personnellement; d'ailleurs, le législateur s'est chargé lui-même de prohiber les actes qu'il jugeait dangereux, ou de leur imposer certaines conditions. (Art. 1394, 1395, 1595, 1096, 2144.)

Rappelons-nous surtout qu'en cette matière, l'autorisation maritale est la règle, que l'autorisation de justice n'est au contraire que l'exception, et que la première est tout à la fois nécessaire et suffisante, à moins que la loi elle-même, par un texte spécial, n'ait exigé l'autorisation de justice, comme elle l'a fait dans les cas énumérés aux articles 219, 221, 222, 225. (Pothier, puiss. du mari, n° 42; Delvincourt I, p. 159; Marcadé sur l'art. 224, n° 2; Demol. t. IV, n°s 231-243, Bordeaux, 29 avril 1856. — *Contra*, Duranton II, 471, Vazeille II, 306, Cass. 14 fév. 1810.)

Il est un cas unique où le mari ne peut autoriser sa femme à passer un contrat avec lui, c'est celui où la femme étant mineure, l'acte serait de ceux pour

lesquels il faut au mineur émancipé l'assistance de
son curateur. Cette exception ne tient nullement au
principe de l'autorisation maritale, mais seulement
à ce que la règle « *nemo potest esse auctor in rem
suam* » devient applicable au mari comme curateur
de sa femme.

§ VI. — *De la révocation de l'autorisation.*

Le mari peut, à son gré, révoquer l'autorisation
qu'il a accordée à sa femme. Mais il ne peut directement et de sa seule autorité, révoquer l'autorisation accordée à sa femme par la justice. Nous ne
pouvons admettre avec MM. Aubry et Rau (IV,
§ 472, note 75) qu'il puisse révoquer par un simple
acte extra-judiciaire l'autorisation accordée par la
justice à raison de son absence ou de son état d'incapacité. Il existe là un acte de l'autorité judiciaire
que l'autorité maritale ne doit pas pouvoir annuler
au gré de sa fantaisie ; le mari peut seulement se
pourvoir devant le tribunal pour obtenir la révocation de l'autorisation par les mêmes formes que la
loi a organisées, lorsqu'il s'agit de l'obtenir.

On décide généralement que la révocation ne doit
pas avoir lieu d'une manière intempestive et préjudiciable à la femme. (Arg. art. 1869, 1870.) Sinon
la femme pourra s'adresser à la justice pour obtenir

un délai et terminer les opérations qu'elle avait à bon droit commencées.

L'autorisation donnée par le mari, même dans le contrat de mariage, est révocable à son gré, comme celle qu'il a accordée depuis le mariage, sauf le cas où l'autorisation a revêtu le caractère de conventions matrimoniales. (Art. 1395.) Telle serait l'autorisation accordée à la femme d'administrer elle-même tout ou partie de ses biens. Mais toute autre autorisation donnée par contrat de mariage sera révocable. Décider autrement, serait permettre aux époux de déroger aux droits qui dérivent de la puissance maritale, ce qui violerait l'article 1388.

Disons pour finir sur cette matière que la révocation de l'autorisation ne peut avoir, en aucun cas, d'effet rétroactif. Si donc la femme a passé quelques actes en vertu de cette autorisation, les droits acquis aux tiers doivent être maintenus. (Art. 451.) On ne peut porter aucune atteinte à ces droits, lors même qu'ils résulteraient d'actes faits par la femme depuis la révocation, si les tiers n'en ont point eu connaissance. (Art. 2009.) (Aubry et Rau IV, § 472; Demol. IV, 326.)

CHAPITRE VI.

DE L'ÉTENDUE DE L'AUTORISATION ET DE SES EFFETS
A L'ÉGARD DE LA FEMME.

———

SECTION PREMIÈRE.

DE L'ÉTENDUE DE L'AUTORISATION.

L'étendue de l'autorisation accordée à la femme, soit par son mari, soit par la justice, doit être appréciée d'après les règles ordinaires d'interprétation. Nous connaissons déjà un premier point fort important, c'est que l'autorisation doit être spéciale, en sorte qu'elle ne pourra s'appliquer qu'à l'acte juridique dénommé dans l'autorisation et sous les conditions imposées.

« Il y a, dit Lebrun, une chose essentielle en ces matières, c'est que les termes des autorisations doivent être suivis à la lettre, sans qu'il soit jamais permis de les étendre d'un cas exprimé à un cas non exprimé, non pas même par identité de raison ; ainsi l'autorisation étant pour emprunter, on ne doit pas permettre à la femme de vendre ; et si l'autori-

sation est pour vendre, la femme ne doit pas emprunter. » Lebrun, de la Com., t. II, ch. 1ᵉʳ, sect. 4,
n° 9. Telle est encore la règle qu'il faut suivre aujourd'hui sous l'empire du Code Napoléon, que
l'autorisation ait pour objet des actes judiciaires ou
des actes extra-judiciaires. Il faut, toutefois, pour
en apprécier sainement l'étendue, prendre en con-
sidération les circonstances de fait, et surtout la
nature de l'opération. Il n'est pas douteux, en effet,
qu'elle doive comprendre les antécédents et les suites
nécessaires de l'affaire pour laquelle elle a été accordée. C'est le cas d'appliquer ces deux adages du
sens commun : « Qui veut la fin veut les moyens. »
« Qui approuve la cause approuve les effets. » Aubry
et Rau, § 472, note 66. Ainsi, disons encore avec
Lebrun, que l'autorisation de vendre n'emporte pas
celle d'emprunter, pas même celle de toucher le
prix, du moins lorsqu'il s'agit des immeubles personnels de la femme, et que celle-ci n'est pas séparée
de biens.

Au contraire la cour de Poitiers (28 février 1834)
a décidé avec raison que la femme autorisée pour le
partage et la liquidation d'une succession l'est, par
cela même, à intenter des actions pour obtenir la
délivrance des objets compris dans son lot ou à défendre aux actions intentées contre elle pour s'opposer à cette délivrance.

S'il est en général facile d'interpréter conformément à ces principes, l'autorisation donnée à la

femme pour contracter, il existe de sérieuses difficultés en ce qui concerne l'autorisation de faire le
commerce ou même d'exercer une profession non
commerciale ; je vais m'en occuper dans un chapitre
spécial ; j'en consacrerai un autre à l'autorisation
d'ester en jugement, dont l'interprétation n'est pas
chose moins délicate ni moins sujette à controverses.

§ I. — De l'étendue de l'autorisation de faire le commerce ou d'exercer une profession non commerciale.

De toutes les autorisations qui peuvent être données à la femme, nulle ne doit s'interpréter plus
largement que celle de faire le commerce. Le Code
Napoléon s'exprime ainsi : « La femme, si elle est
marchande publique, peut, sans l'autorisation de son
mari, s'obliger pour ce qui concerne son négoce. »
(Art. 220) et les articles 5 et 7 du code de commerce
confirment cette règle, en permettant à la femme,
en vertu de la seule autorisation de faire le commerce, de s'obliger, d'engager, d'hypothéquer et
d'aliéner ses immeubles, toujours pour son propre
négoce.
   Le motif de cette large interprétation donnée à la
volonté du mari se conçoit facilement, à cause de la
célérité requise pour la plupart des opérations com-

merciales, et de l'impossibilité où il se trouverait souvent d'autoriser à temps sa femme pour chacune d'elles. « La femme, dit Pothier, n'a pas toujours son mari à ses côtés qui puisse l'autoriser pour ces actes, lesquels le plus souvent ne souffrent pas de retardement. » Puissance du mari, n° 21.

Remarquons ces mots employés par la loi *pour ce qui concerne son négoce* et non pas *par des engagements commerciaux.* Beaucoup d'actes non commerciaux peuvent concerner le négoce de la femme et par conséquent être valablement faits par elle. Tels sont les travaux d'appropriation, de réparations et d'embellissements faits à un établissement de commerce, café, magasin, etc., telle est la transaction sur des affaires commerciales. Mais je ne permettrais pas à la femme simplement autorisée à faire le commerce, de compromettre, de contracter une société commerciale avec un tiers, de cautionner une dette civile, fût-elle associée d'intérêt avec le tiers débiteur. Il lui faudrait, pour des actes de ce genre, le consentement au moins tacite de son mari. (Demol. IV, n° 297. — Pardessus I, n° 62. — Delangle I, 56. — *Contra*, Caen 11 août 1828. — Massé, dr. commercial III, 95.)

La femme marchande publique peut, avons-nous dit, s'obliger, hypothéquer et aliéner pour ce qui concerne son négoce : mais reste à déterminer comment on saura que l'obligation, l'hypothèque ou l'aliénation par elle consenties étaient relatives à son négoce. Mettons d'abord de côté tous les actes auxquels leur forme même attribue par elle seule une cause commerciale. Pour ceux-là il ne saurait y avoir de doute, et leur nature même fait la preuve demandée.

De même encore, si dans l'acte à apprécier la femme a déclaré agir pour son négoce ; l'aveu de la femme sert ici de preuve, et, dans ce cas, les tiers ne sont pas tenus de voir si la femme se conforme à sa déclaration, et de rechercher si elle emploie réellement les fonds versés par eux à ses affaires commerciales.

La difficulté ne commence donc que lorsqu'il s'agit d'un acte purement civil et qu'il n'existe de la part de la femme aucune déclaration. De quel côté sera alors la présomption. Les auteurs sont très divisés sur ce point :

Les uns exigent que les tiers prouvent, dans tous les cas, que l'acte fait par la femme était relatif à son négoce, qu'il s'agisse d'hypothèque ou d'aliénation ou d'emprunts consentis devant notaire, et même par simple billet.

Toutefois, pour les simples billets, plusieurs auteurs ont reconnu que la présomption de l'art. 638 (C. de comm.) leur était applicable, et que, par suite, ils devaient toujours être censés faits par la femme relativement à son commerce.

Nous n'adopterons ni l'une ni l'autre de ces deux opinions. Pour nous, tous les actes faits par une

femme marchande publique doivent être présumés
avoir eu pour cause les besoins de son commerce,
si rien n'a pu faire croire aux tiers qu'il en était autrement. —Pour les billets, d'abord, l'art. 638 leur
est évidemment applicable; pour les obligations
notariées, les ventes d'immeubles, les hypothèques,
nous n'avons pas, il est vrai, de texte spécial; mais
il nous semble qu'obliger les tiers à faire la preuve
dont nous parlions plus haut, serait rendre illusoires
les pouvoirs étendus donnés à la femme commerçante par l'art. 220 (C. Nap.) et 7 (C. de comm.)

Cette capacité a été conférée à la femme, nous le
savons, à cause de la célérité propre aux affaires
commerciales; il faut donc que la femme puisse,
selon ses besoins, trouver rapidement les fonds qui
lui sont nécessaires; or, où trouverait elle un acheteur, un prêteur, si sa capacité n'était pas d'avance
bien établie, si l'un et l'autre pouvaient craindre
une action en nullité de la part du mari ou de la
femme, et s'ils devaient rechercher eux-mêmes si
l'acte était ou non relatif au négoce de la femme? Il
faut surtout attacher la plus grande importance à la
bonne foi des tiers, à leur conduite plus ou moins
prudente et excusable, et décider : 1° que la déclaration faite par la femme, que l'acte a pour cause
son commerce, n'empêcherait pas d'en prononcer
la nullité contre le tiers qui aurait su que cette déclaration était mensongère; 2° mais aussi que l'absence de déclaration n'empêcherait pas l'acte d'être

valable à l'égard des tiers, lors même qu'il n'aurait pas eu pour cause le négoce de la femme, si le tiers, d'après les faits, avait pu légitimement croire que la femme agissait dans l'intérêt de son commerce. (Voir en sens divers : Toullier, XII, 249 ; Duranton, II, 483 ; Marcadé, sur l'art, 220 ; Valette sur Proud., I, p. 460. Aubry et Rau, IV, § 472; Demol., IV, 300-302). Un arrêt de la cour de cassation du 23 janvier 1854, s'est prononcé en faveur de notre doctrine.

L'autorisation de faire le commerce peut-elle être si générale qu'elle ne désigne pas même le genre d'industrie que la femme pourra exercer? Il faut distinguer: Si la femme se livre publiquement à une branche spéciale de commerce et à celle-là seulement, cette branche de commerce constitue le seul négoce pour lequel elle puisse s'obliger, parce que c'est en vue de celui-là seulement que l'autorisation a dû être donnée. Si, au contraire, la femme, en vertu de l'autorisation expresse ou tacite de son mari, fait çà et là des actes de commerce de différente nature, je la crois valablement obligée pour tous ces actes, parce qu'ils sont censés compris dans l'autorisation qu'elle a reçue.

L'autorisation donnée à la femme d'exercer une profession quelconque non commerciale, emporte aussi pour elle tous les actes relatifs à l'exercice de cette profession. Ce sera aux tribunaux à apprécier si les actes que fait la femme n'excèdent pas les limites dans lesquelles doit se renfermer sa profession. (Paris, 3 juillet 1857).

§ II. — *De l'étendue de l'autorisation d'ester en jugement.*

Je dirai, en quelques mots seulement, les diverses solutions que je crois devoir admettre sur les points les plus importants.

L'autorisation d'ester en justice rend la femme capable de comparaître devant un juge de paix pour y tenter la conciliation préalable à l'introduction de sa demande.

A l'inverse, l'autorisation de tenter la conciliation ne comprend pas, selon nous, celle de former la demande en justice. (V., toutefois, Demol., IV, n° 291).

La femme autorisée à plaider, ne l'est point par cela à déférer le serment litis-décisoire, ni à le prêter, s'il lui est déféré par son adversaire. Nous ne faisons aucune distinction entre ces hypothèses : déférer ou prêter le serment dont il s'agit, ce n'est plus plaider, ce n'est plus laisser à la justice le soin prononcer sur la valeur de sa cause, c'est offrir ou accepter un acquiescement ou une transaction conditionnelle.

L'adversaire de la femme n'en conserve pas moins le droit de lui déférer le serment décisoire, mais comme le procès prend alors à l'égard de la femme une face toute nouvelle, et que l'impossibilité de référer le serment qui lui a été déféré lui ferait une situation inégale, elle ne pourra accepter le serment qu'on lui défère sans une nouvelle autorisation.

Toute autre est la nature et l'importance du serment supplétoire, destiné seulement à éclairer le juge comme tout autre moyen de preuve, et n'emportant pas nécessairement une décision conforme. La femme peut donc le prêter, si la justice trouve à propos de le lui déférer.

Je crois aussi que la femme autorisée à plaider est habilitée à passer un aveu, qu'il soit spontané ou amené par l'interrogation du juge; en effet, le mari ne saurait refuser l'autorisation de faire un aveu : de plus, il ne s'agit ici que d'une forme d'instruction commune et non comme tout à l'heure d'une instance où la femme, prête à contracter, n'avait pas à sa disposition les mêmes armes que son adversaire.

L'autorisation d'ester en justice n'habilite pas la femme à transiger, ni à acquiescer, ni à se désister, parce que, loin de plaider, elle ne fait par là que renoncer à ses droits. (Cass., 7 déc. 1863).

L'autorisation de former une demande en licitation ou d'y défendre ne doit pas, il nous semble, comprendre l'autorisation de provoquer une surenchère, car s'il peut être nécessaire aux intérêts de

11

la femme qu'elle provoque une licitation, il ne s'en suit pas qu'elle ait en même temps le droit de se rendre adjudicataire pour un prix peut-être supérieur à sa fortune.

La femme qui a reçu l'autorisation de plaider est censée avoir reçu celle de faire exécuter le jugement rendu à son profit. Ce n'est point, en effet, pour le seul plaisir de plaider et de s'entendre donner gain de cause qu'elle a été autorisée, mais bien pour arriver à l'exercice effectif d'un droit qu'on lui contestait. Ainsi, la femme autorisée à demander la séparation de biens peut, quand elle l'a obtenue, en poursuivre l'exécution et demander, soit le remboursement de sa dot, soit la liquidation de ses reprises. (Aubry et Rau, IV, § 472, note 68).

Elle peut même, en vue de cette exécution, former une surenchère, soit sur les biens de son mari, vendus par lui ou expropriés par ses créanciers, soit sur les biens d'un tiers hypothéqués à son profit. En effet, la surenchère sera le plus souvent pour elle une condition *sine quâ non* de l'exercice de ses droits. (Cass., 20 mars 1853). Dès lors que la surenchère cesse d'avoir pour but l'exécution du jugement de séparation de biens, il lui faut pour la former une autorisation spéciale.

Le point le plus délicat de cette matière consiste à savoir si la femme autorisée simplement à ester en jugement ou à plaider sur telle affaire, ou à former telle demande, est, quant à cette affaire, autorisée à suivre tous les degrés de juridiction et à employer toutes les voies de recours que la loi met à sa disposition.

Il est bien entendu que cette question peut être résolue par les termes mêmes de l'autorisation, soit qu'elle réserve formellement telle ou telle juridiction, telle ou telle voie de recours, soit qu'elle ouvre expressément à la femme toutes les voies légales devant quelque juridiction que ce soit. Il s'agit uniquement d'une autorisation qui ne s'est pas expliquée sur ces divers points.

Je crois malgré les considérations fort graves qu'ont pu faire valoir d'éminents jurisconsultes, qu'une autorisation de ce genre doit être interprétée d'une manière tout à fait restrictive. La femme autorisée à ester en justice, ne l'est pas à attaquer ou à soutenir en appel le jugement du tribunal de première instance, et si elle est autorisée à ester en instance d'appel, elle ne l'est point par cela seul à se pourvoir en cassation, ni à défendre au pourvoi formé contre elle. Il est conforme à la règle de la spécialité de n'entendre l'autorisation du mari que comme ayant seulement en vue le tribunal où l'instance devait avoir lieu. Sans doute son autorisation a dû comprendre les suites nécessaires du procès, mais peut-on considérer justement l'appel ou le pourvoi en cassation comme la suite naturelle et ordinaire de tout procès? Combien au contraire, soit à cause de leur peu d'importance, soit à cause de la confiance médiocre qu'ils inspirent à l'une des parties, soit enfin à cause du jour nouveau dont les a éclairé le débat en première instance, combien ne dépassent jamais le premier degré de juridiction? Il me semble qu'il y a là une question de conve nance et d'opportunité qui vaut la peine d'être sou mise à l'appréciation du mari. Il a pu autoriser sa femme à plaider en première instance sans songer aucunement à l'instance d'appel dont plusieurs rai sons l'auraient peut être écarté. N'est-il pas singu lier de laisser pour ainsi dire à une femme le droit d'apprécier la sentence des premiers juges, quand on la déclare tout à fait incapable de peser la valeur de sa cause.

Qu'on ne dise pas que ce raisonnement applicable au cas où la femme interjette appel, ne l'est plus au cas où la femme plaide comme intimée sur l'appel de son adversaire. Il peut être tout à fait contraire à l'intention du mari éclairé par un débat même favo rable, de permettre à sa femme d'affronter le con trôle d'une juridiction supérieure.

Qu'on n'objecte pas qu'il sera toujours loisible au mari de révoquer son autorisation, s'il le juge à propos. Car, outre qu'il sera quelquefois empêché de le faire à temps, on arriverait dans ce système à étendre à l'infini toute espèce d'autorisation sous prétexte que le mari pourrait révoquer, si l'on en abuse, le pouvoir qu'il a conféré. (Cass. 4 mars 1865. — Aix, 13 mars 1862.)

Rappelons en faveur de l'opinion soutenue par nous : 1° que la femme qui vient à se marier après avoir obtenu un jugement en première instance, ne peut plaider en appel sans une autorisation spéciale ; 2° que les communes autorisées à plaider en première instance ne peuvent interjeter appel sans une nouvelle autorisation. (Loi du 18 juillet 1837, art. 49.)

Ce que je dis de l'appel et du pourvoi en cassation, s'applique *a fortiori* aux voies de recours extraordinaires, telles que la tierce opposition, la requête civile, la prise à partie.

L'autorisation de justice doit, au point de vue qui nous occupe, être interprétée comme celle du mari et par les mêmes règles.

Ajoutons pour terminer, qu'il est hors de doute que la femme autorisée à plaider soit en première instance, soit en appel, et contre laquelle intervient un jugement ou un arrêt par défaut, peut former opposition sans avoir recours à une nouvelle autorisation. (Voir en sens divers, outre les arrêts précités, Duranton II, 459 ; Toullier I, 349 ; Mimerel, *revue critique*, 1858, t. III, p. III ; Demol. IV, 285 et suiv.; Aubry et Rau IV, § 472, note 72.)

SECTION II.

DES EFFETS DE L'AUTORISATION A L'ÉGARD DE LA FEMME.

L'incapacité de la femme, nous le savons, n'est pas absolue. L'autorisation de son mari ou celle de justice, en l'habilitant, lui restituent la capacité qu'elle aurait si elle n'était pas mariée.

Il en résulte que la femme ne peut attaquer un acte juridique par elle fait en vertu d'une autorisation de son mari ou de justice, sous prétexte que cette autorisation a été accordée contrairement à ses intérêts. Ni le mari, ni la justice, ne sont garants envers la femme de l'issue que peut avoir l'opération qu'ils lui permettent. Toutefois, si le mari s'était rendu coupable de fraude en autorisant sa femme, si par exemple il avait collaboré avec les tiers qui contractaient avec elle, il pourrait être tenu, aux termes de l'art. 1382, de réparer le dommage causé par son dol. Mais l'acte n'en resterait pas moins valable à l'égard des tiers.

Rien n'empêche d'ailleurs la femme d'attaquer cet acte par tous les moyens de droit commun autres que l'inopportunité de l'autorisation ou le préjudice qu'elle prétend en avoir éprouvé.

Quant aux effets de l'autorisation à l'égard du mari, c'est là une question de régime et de contrat de mariage qui ne rentre pas dans les limites de mon sujet. Le mari est ou non tenu des dettes et des obligations de la femme selon le régime matrimonial. Je puis toutefois établir ce principe que là où on regardera le mari comme jouissant des bénéfices, là aussi il faudra le considérer comme tenu des obligations et des dettes de sa femme. Il est inutile d'ajouter que l'autorisation de justice ne peut avoir pour effet d'engager le mari comme s'il avait lui-même donné son autorisation. (Toullier II, 655; Vazeille II, 355; Aubry et Rau IV, § 472; Demol. IV, 275.)

CHAPITRE III.

DES CONSÉQUENCES DU DÉFAUT D'AUTORISATION.

La conséquence naturelle et logique du défaut d'autorisation, c'est la nullité des actes passés par la femme mariée.

Examinons successivement : 1° Si cette nullité résulte toujours du défaut d'autorisation ; 2° quels en sont les caractères, c'est-à-dire par qui elle peut être invoquée, et pendant combien de temps ; 3° quelle situation elle fait aux tiers par rapport à la femme, particulièrement en matière d'actes judiciaires ; 4° enfin comment cette nullité peut se couvrir.

§ 1. — Des cas où la nullité ne résulte pas du défaut d'autorisation.

Ces cas exceptionnels peuvent être parcourus rapidement.

Le premier est celui où la femme a employé des manœuvres frauduleuses pour tromper les tiers, soit en leur faisant croire qu'elle n'était pas en puissance du mari, soit en leur représentant un faux acte d'autorisation. Elle ne saurait alors se prévaloir de la nullité des actes passés par elle sans autorisation : la réparation la plus exacte de son dol est le maintien de l'engagement lui-même. (Demol. IV, 328 ; Aubry et Rau IV, § 472. Cass. 15 juin 1824. — *Contra* Vazeille II, 314, Toullier I, p. 340.)

Quant au mari, il doit être admis à proposer la nullité, malgré les manœuvres frauduleuses de sa femme, pourvu, bien entendu, qu'il y soit demeuré étranger.

On ne saurait considérer comme une manœuvre frauduleuse de la part de la femme, ce seul fait qu'elle s'est présentée aux tiers comme fille ou comme veuve ou même qu'elle a pris dans l'acte l'une de ces deux qualités. « *Qui cum alio contrahit, vel est, vel debet esse non ignarus conditionis ejus.* » (Ulpien, l. 19, *de reg. juris* D.)

Que décider, lorsque dans le silence de la femme, les tiers sont victimes d'une erreur commune : la femme passe pour fille ou veuve dans tout le pays ? C'est là, croyons-nous, une question de fait qui doit être laissée à l'appréciation des tribunaux. L'erreur des tiers doit être, il me semble, une erreur excusable ; il ne suffira pas toujours de l'erreur commune ; il ne sera pas non plus absolument besoin de l'erreur invincible.

Ainsi j'admettrais que les tiers, partageant à ce sujet l'erreur commune, aient cru fille la femme mariée avec laquelle ils contractaient ; mais je n'admettrais pas qu'ils l'aient crue veuve, parce qu'ils pouvaient se faire représenter l'acte de décès du mari.

On peut se demander à qui incombe la preuve du défaut d'autorisation ; il faut répondre que ce n'est pas au demandeur en nullité, mais à la personne qui défend la validité de l'acte, à établir l'existence de l'autorisation, car, si au point de vue des principes de notre législation, l'incapacité de la femme mariée constitue une exception, elle devient, quant à elle, la règle générale. (Demol., IV, 336. Aubry et Rau, IV, § 472, note 87).

§ II. — *Caractères de la nullité résultant du défaut d'autorisation.*

Dans notre ancien Droit, la nullité résultant du défaut d'autorisation était *absolue* et *perpétuelle*, c'est-à-dire qu'elle pouvait être invoquée par tous ceux qui y avaient intérêt, et qu'elle ne pouvait se couvrir par aucune ratification. (Pothier, Puiss. du mari, n° 5, 74). Aujourd'hui, sous l'empire du Code, cette nullité n'est plus que *relative* et *temporaire*, c'est-à-dire qu'elle ne peut être invoquée que par certaines personnes, pendant un temps déterminé, et qu'elle est susceptible de ratification (art. 225, 1125, 1304 et 1338).

Des personnes qui peuvent invoquer la nullité résultant du défaut d'autorisation.

L'article 1125 s'exprime ainsi : « Les personnes capables de s'engager ne peuvent opposer l'incapacité de la femme mariée avec qui elles ont contracté. » On lit à l'art. 225 : « La nullité fondée sur le défaut d'autorisation ne peut être opposée que par la femme, par le mari ou par leurs héritiers. »

Occupons-nous de ces personnes, et voyons si elles sont bien les seules qui puissent invoquer la nullité.

a. La nullité peut être opposée par la femme. C'est le droit commun que tout incapable peut se prévaloir de son incapacité. On en comprend l'application à la femme mariée, puisque son incapacité a pour base, avec le respect de la puissance maritale, la protection due aux intérêts matrimoniaux qui sont aussi les siens.

b. Le mari peut aussi invoquer cette nullité. Il peut y avoir un intérêt pécuniaire. Il y a dans tous les cas un intérêt moral qui consiste à faire respecter l'autorité que la loi lui a confiée.

c. Les héritiers de la femme prennent dans sa succession tous les droits de leur auteur, et, par conséquent, celui qu'elle avait de demander la nullité de l'acte consenti sans autorisation.

d. Les héritiers du mari ont également le droit,

en principe, d'invoquer la nullité dont il s'agit ; cependant, les cas où ils auront un intérêt pécuniaire à agir comme représentants du mari étant fort difficiles à trouver, beaucoup ont pensé que cet intérêt n'existe jamais, et que ce n'est que par erreur que la loi a dit : « à leurs héritiers, » au lieu d'attribuer l'action aux héritiers de la femme seulement.

e. La nullité résultant du défaut d'autorisation peut être proposée encore par les créanciers de la femme et par ceux du mari. Le silence de l'art. 225 n'a rien qui doive surprendre, puisque ce droit pour les créanciers n'est, après tout, que l'application du droit commun, de ce principe que tous les biens du débiteur sont le gage de ses créanciers (art. 2092), et que ceux-ci peuvent exercer tous les droits et actions de leur débiteur, à l'exception de ceux qui sont exclusivement attachés à sa personne. (Cass., 10 mai 1853, Aubry et Rau, IV, § 472. Demol., IV, 346. — V. aussi l'art. 1166).

En dehors des personnes mentionnées, nous n'admettons aucun tiers à invoquer la nullité de l'obligation contractée par la femme sans autorisation.

La caution d'une obligation consentie par la femme ne saurait être admise à en provoquer la nullité. La doctrine contraire serait en opposition formelle avec les art. 2012 et 2036, qui considèrent comme parfaitement valable le cautionnement d'une obligation, « encore qu'elle pût être annulée par une ex-

ception purement personnelle à l'obligé. » Et cela
ne serait pas moins contraire au but que se sont
vraisemblablement proposé les parties en faisant le
cautionnement. (Aubry et Rau, t. III, § 424).

La nullité résultant du défaut d'autorisation ne
peut pas non plus être invoquée par le donateur à
raison de la donation par lui faite et acceptée de la
femme, c'est-à-dire que la donation acceptée par
une femme non autorisée est nulle d'une nullité
relative, en vertu de l'art. 225, et non d'une nullité
absolue pour défaut ou pour vice d'acceptation, en
vertu de l'art. 938.

Voici le raisonnement que tiennent les partisans
de la nullité absolue. La donation est un contrat so-
lennel qui n'existe qu'à condition que toutes les formes exigées seront remplies et qu'il y aura acceptation valable. L'autorisation du mari fait partie de
l'acceptation qui est une des formes les plus essen-
tielles de la donation, puis que les articles qui s'oc-
cupent de cette acceptation (art. 931, 937) sont placés précisément dans la section intitulée : *De la
forme des donations entre vifs.* Or, si la femme
accepte sans autorisation, son acceptation n'est pas
valable, les formalités exigées par le Code ne sont
pas remplies et le contrat de donation n'a pu se former; la donation, on le sait, n'admet d'ailleurs ni
ratification, ni confirmation ; nulle en la forme, il
faut qu'elle soit refaite en la forme légale (art 1339).
Il faut donc conclure avec M. Jaubert dans son rap-

port au tribunal, que *l'acceptation qui ne lierait point le donataire ne saurait engager le donateur.* — Enfin à l'appui de ce système, on invoque encore plusieurs textes; d'abord l'art. 934, dont les termes formels emportent prohibition expresse, et par suite nullité de plein droit; de plus la fin de cet article renvoie à l'art. 217 et à l'art. 219, mais non à l'art. 225, ce qui prouve que le législateur a voulu y déroger. L'art. 938 dit que la donation dûment acceptée sera parfaite par le seul consentement des parties ; Or, par une donation dûment acceptée, les rédacteurs de l'art. 938 ont entendu évidemment parler d'une donation acceptée conformément à l'art. 934. D'où il suit que la donation acceptée par la femme non autorisée est indûment acceptée, et que par conséquent le donateur n'est point engagé (Merlin rép. donations, sect. IV. n° 4. Proudhon II. p. 479. Grenier I. n° 61. Troplong III, 1119: Coin-Delisle sur l'art. 935. n° 20. Aubry et Rau V. § 652, note 11. — Cass. 11 juin 1816 et 14 juillet 1856. Aix 19 novembre 1859.)

Malgré la grande autorité de ses partisans, nous n'admettons pas cette doctrine; elle viole à notre avis, le texte même de la loi. Comment, en effet, supposer que l'art. 225 n'est pas applicable à la donation, alors que l'incapacité d'acquérir à titre gratuit sans autorisation est dictée dans un des articles qui le précèdent immédiatement? Ce serait une singulière négligence du législateur que d'avoir oublié, en écrivant l'art. 225 qu'il avait dans l'art. 217, mis sur la même ligne la donation et les contrats le titre onéreux, et que par conséquent cet article 225 leur serait applicable indistinctement. Du reste une pareille supposition n'est pas possible en présence de l'art. 934 qui renvoie aux art. 217 et 219 inséparables de l'art. 225. Il n'est pas non plus vrai de dire que la donation soit nulle en la forme, parce que l'acceptation n'a pas été autorisée; l'acte notarié avec minutes, l'acceptation en termes exprès, voilà la forme, qu'il ne faut pas confondre avec une question de capacité personnelle. L'acceptation est, il est vrai, réglementée dans la section intitulée: *De la forme des donations entre-vifs* ; mais cet argument est-il bien sérieux? Est-ce que ce n'est pas aussi dans cette section que le législateur a déclaré quels biens la donation ne pourrait comprendre (art. 943) sous quelles conditions elle ne pourrait se faire (art. 944), ce qui certes n'est pas une question de forme. N'est-ce pas là aussi qu'il a inséré les articles relatifs à la stipulation du droit de retour (art. 943, 951, 952)?

Si l'acceptation faite par une femme non autorisée était frappée d'un vice de forme, *a fortiori*, la donation consentie par elle sans autorisation serait-elle frappée du même vice, et ce n'est pas dans cette section, que le législateur rappelle que la femme ne peut donner sans l'autorisation maritale. Il n'y a donc pas là de vice de forme, et l'argument tiré de l'art. 1339, est écarté. Quand à l'art. 938, il en résulte bien, que la donation acceptée par la femme non autorisée, est une donation *imparfaite;* mais il y a une grande différence entre une donation *nulle* et une donation imparfaite; car une donation *annulable* est certainement une donation imparfaite. L'art. 938, laisse donc entière la question de savoir si la donation qui n'a pas été dument acceptée, est nulle ou seulement annulable: quant aux paroles du tribun Jaubert, elles ne doivent être considérées que comme l'expression d'une opinion individuelle qui ne fut pas accueillie par le législateur. (Pothier, oblig. n° 52, Toullier II, 665, Valette sur Proud. II, p. 479, Marcadé sur l'art. 935, n° 5; Demol. IV, 348; Nancy, 4 fév. 1839; Alger, 31 juil. 1854).

Le tiers avec qui une femme mariée non autorisée, aurait fait un compromis, ne serait pas recevable à invoquer la nullité de cet acte, bien que les causes des femmes mariées, soient au nombre de celles sur lesquelles la loi défend de compromettre. (art. 1004 et 83, Cod. proc. civ.)

Les tiers qui n'ont pas contracté avec la femme, ne peuvent davantage invoquer la nullité de l'acte passé par elle. Ainsi le tiers détenteur d'un immeuble hypothéqué par la femme sans autorisation, n'a pas qualité pour demander la nullité de l'hypothèque. L'acquéreur ou adjudicataire, ne peut invoquer davantage celle de la surenchère qu'une femme non autoritée a formée à son préjudice.

Ce principe relatif aux tiers qui n'ont pas traité avec la femme, reçoit des applications importantes en matière judiciaire : je vais en dire quelques mots dans le paragraphe suivant.

§ III. — *De la situation faite aux tiers qui ont contracté avec la femme, et des effets de la nullité en matière d'actes judiciaires.*

I. — La nullité résultant du défaut d'autorisation ne pouvant être invoquée que par la femme, le maintien ou l'anéantissement du contrat est en définitive laissé à la discrétion de cette dernière.

La position de son cocontractant paraît plus désavantageuse encore, si l'on réfléchit que l'acte étant annulé, le tiers est tenu de remettre à la femme tout ce qu'elle a payé ou livré, tandis que celle-ci, est seulement tenue jusqu'à concurrence de ce dont elle a profité. (art. 241, 1312). Aussi a-t-on dû se demander si les tiers peuvent refuser l'exécution du contrat, lorsque la femme l'exige sans autorisation, ou s'ils peuvent tout au moins ne l'accorder qu'après avoir obtenu des garanties suffisantes pour n'en pas devenir les victimes.

L'affirmative ne nous paraît pas douteuse : ils ne provoquent pas la nullité du contrat, mais se mettant à la disposition de la femme, lui disent d'opter entre la nullité ou une convention honnête qui les mette à l'abri de tout danger. Aucun texte ne fait obstacle à l'admission d'une prétention aussi légitime.

Nous n'irons pas cependant, jusqu'à donner aux tiers le droit d'interpeller la femme pour qu'elle ait à prendre parti entre la nullité et la validité du contrat, après son exécution. Cette solution, d'ailleurs équitable, nous paraît contraire à la loi. (art. 1304, 225,) L'art. 1304, donne à la femme un délai fixe pour faire annuler le contrat qu'elle a consenti, ou le ratifier; enlever à la femme ce délai, c'est violer le droit positif que lui concède cet article.

II. — Appliquant ces principes aux matières judiciaires, je résous négativement la question de savoir si l'assignation donnée par la femme non autorisée est nulle en elle-même; cet acte sera valable, dès lors qu'il aura été régularisé par une autorisation. (Demol. IV, 351, Cass. 15 déc. 1847.)

Le tiers peut d'ailleurs soit appeler le mari en cause, pour le mettre en demeure d'autoriser sa femme, soit refuser de plaider jusqu'à ce que la femme soit autorisée à plaider.

Nous appliquons les mêmes solutions pour les assignations données par des tiers à la femme seule.

Quant aux jugements ou arrêts rendus contre la femme non autorisée ou à son profit, ils ne peuvent pas être attaqués par son adversaire, mais seulement par elle-même ou par son mari. La décision devra être attaquée par les voies ordinaires de réformation.

§ IV. — *De la manière dont peut se couvrir la nullité résultant du défaut d'autorisation.*

L'obligation contractée par la femme sans autorisation peut être confirmée ou ratifiée et acquérir ainsi la même force qu'une obligation valable dès l'origine. (Art. 1338.)

La ratification est expresse ou tacite. (Art. 1304, 1338.)

I. — La ratification expresse peut être consentie par les deux époux, auquel cas l'acte devient valable à l'égard de tous, puis qu'il est complètement purgé du vice dont il se trouvait entaché à son origine.

La ratification expresse peut émaner de la femme seule valablement autorisée à cet effet; elle est alors valable *erga omnes*. Si c'est la justice qui a autorisé la femme à faire l'acte de confirmation, cette ratification n'est point opposable au mari.

Nous avons examiné le cas où la ratification émane du mari seul.

II. — La confirmation tacite résulte soit de l'exécution volontaire, soit de l'expiration du délai de dix ans; la femme mariée est soumise sur ce point, aux règles contenues dans l'art. 1304; mais ce serait dépasser les bornes de notre sujet que d'entreprendre d'exposer ces règles qui, à elles seules, suffiraient à faire l'objet d'une étude approfondie.

POSITIONS.

—

DROIT ROMAIN.

I. — Il faut concilier la loi 5 et la L. 32, § 2 *au Dig. ad Senat.-cons. Velleianum*, en admettant que Pomponius, dans ce dernier texte, suppose une intercession préexistante.

II. — La femme ne peut plus opposer le Sénatus-consulte Velléien dès qu'elle a reçu quelque chose pour intercéder, sans distinguer si elle a reçu peu ou beaucoup.

III. — La femme ne peut jamais renoncer au Sénatus-consulte Velléien.

IV. — Il n'y a pas une *in integrum restitutio* proprement dite dans l'action restitutoire accordée au créancier par le préteur.

V. — Le créancier n'a pas besoin d'action resti tutoire contre les tiers détenteurs des objets hypothéqués par l'ancien débiteur, car l'ancienne action hypothécaire n'a pas cessé de subsister.

VI. — Le sénatus-consulte Velléien ne permet pas que la femme soit obligée, même naturellement.

VII. — L'authentique *si qua mulier*, ne s'applique pas aux actes qui ne sont considérés comme des intercessions que s'il y a mauvaise foi du créancier.

DROIT FRANÇAIS.

Droit Civil.

I. — L'incapacité de la femme mariée est établie : 1° dans l'intérêt de la puissance maritale ; 2° dans l'intérêt de l'union conjugale, mais non dans l'intérêt personnel de la femme.

II. — L'autorisation est nécessaire à la femme pour ester en jugement, alors même qu'elle demande la nullité de son propre mariage.

III. — La femme mariée peut ester en jugement sans autorisation, lorsqu'elle est poursuivie par la partie civile seulement, mais devant un tribunal correctionnel ou de police.

IV. — La femme séparée de biens peut, sans autorisation, acquérir même des immeubles, pourvu que cela constitue de sa part un acte d'administration.

V. — Elle ne peut pas, sans autorisation, s'obliger,

jusqu'à concurrence de son mobilier, pour une cause
étrangère à l'administration de ses biens.

VI. — L'autorisation du mari peut être verbale,
mais elle ne peut se prouver par témoins.

VII. — L'autorisation tacite ne peut s'induire
d'autres circonstances que du concours du mari dans
l'acte.

VIII. — L'autorisation du mari ne saurait être
postérieure à l'acte, c'est-à-dire que sa ratification
ne couvre la nullité qu'à l'égard du mari, et non à
l'égard de la femme.

IX. — L'autorisation de justice est nécessaire à
la femme dont le mari est pourvu d'un conseil judiciaire, lorsque l'acte à faire par elle est de ceux
pour lesquels il faut au mari l'assistance de son
conseil.

X. — Le principe de la spécialité de l'autorisation, s'oppose à ce que la femme puisse donner à
son mari lui-même un mandat général et illimité,
à l'effet d'aliéner ou d'hypothéquer ses immeubles,
ainsi que de l'obliger indéfiniment.

XI. — Mais il ne s'oppose pas à ce que le mari
donne à sa femme le mandat de l'obliger indéfiniment, d'aliéner et d'hypothéquer soit ses immeubles,
soit ceux de la communauté.

XII. — L'autorisation générale de plaider n'est valable que pour la première instance; elle n'emporte donc pas celle d'appeler ou de se pourvoir en cassation, ou de faire valoir ses droits par aucune voie extraordinaire.

XIII. — L'autorisation du mari suffit pour habiliter la femme soit à contracter avec lui directement, soit à s'obliger envers un tiers dans l'intérêt du mari lui-même.

XIV. — Le donateur n'a point qualité pour se prévaloir de la nullité de la donation entre-vifs acceptée par la femme sans autorisation.

XV. — Le délai de dix ans accordé par l'art. 1304 commence à courir à l'égard du mari du jour où il a eu connaissance de l'acte fait par la femme sans son autorisation.

XVI. — Les obligations contractées sous le régime de communauté par la femme autorisée de son mari, obligent celui-ci, sauf dans le cas de l'art. 1413 et sauf ce cas seulement.

XVII. — Sous le régime exclusif de communauté, le mari qui autorise sa femme à exercer un commerce, une industrie, un talent quelconque, n'est pas tenu des obligations que contracte sa femme avec son autorisation.

XVIII. — J'admets la même solution sous le régime dotal.

Procédure.

I. — L'autorisation, pour la femme, de plaider comme demanderesse en appel ou en cassation, doit être accordée par la cour impériale ou la cour de cassation, et non pas le tribunal de première instance.

II. — La procédure, en matière d'autorisation, doit se passer tout entière dans la chambre du conseil, y compris les conclusions du ministère public et les jugements ou arrêts.

Droit Commercial.

I. — La justice ne peut, en aucun cas, autoriser la femme à faire le commerce, ni à le continuer, lorsque le mari révoque l'autorisation qu'il avait donnée d'abord à cet effet.

II. — Les actes, dont la nature civile ou commerciale n'est pas clairement déterminée, sont présumés faits par la femme dans l'intérêt de son commerce.

Droit Criminel.

I. — La dégradation civique encourue par le mari, n'emporte pas contre lui déchéance de son droit d'autorisation.

II. — La poursuite en adultère intentée contre la femme, du vivant du mari cesse par le seul fait de son décès, avant que la condamnation n'ait été prononcée.

Histoire du Droit.

I. — A l'époque franque, c'était la totalité des hommes libres de la localité, qui sous le monde Rachinbourgs jugeaient dans le *Mallum*.

II. — Les établissements de Saint-Louis, sont l'œuvre privée d'un jurisconsulte et non l'œuvre officielle d'un législateur.

Droit des Gens.

I. — La femme étrangère n'a pas besoin d'être autorisée de son mari pour ester en jugement ou contracter en France, si l'autorisation ne lui est pas nécessaire d'après la loi de son pays.

II. — Il n'y a de blocus légitime et obligatoire que le blocus réel et effectif.

Vu par le Président,

C. BUFNOIR.

Le Doyen,

G. COLMET-DAAGE.

Vu et permis d'imprimer, le vice-recteur de l'Académie de Paris.

A. MOURIER.

SAINT-QUENTIN. — TYP. HOURDEQUIN ET THIROUX.

SAINT-QUENTIN — IMPRIMERIE HOURDEQUIN et THIROUX.

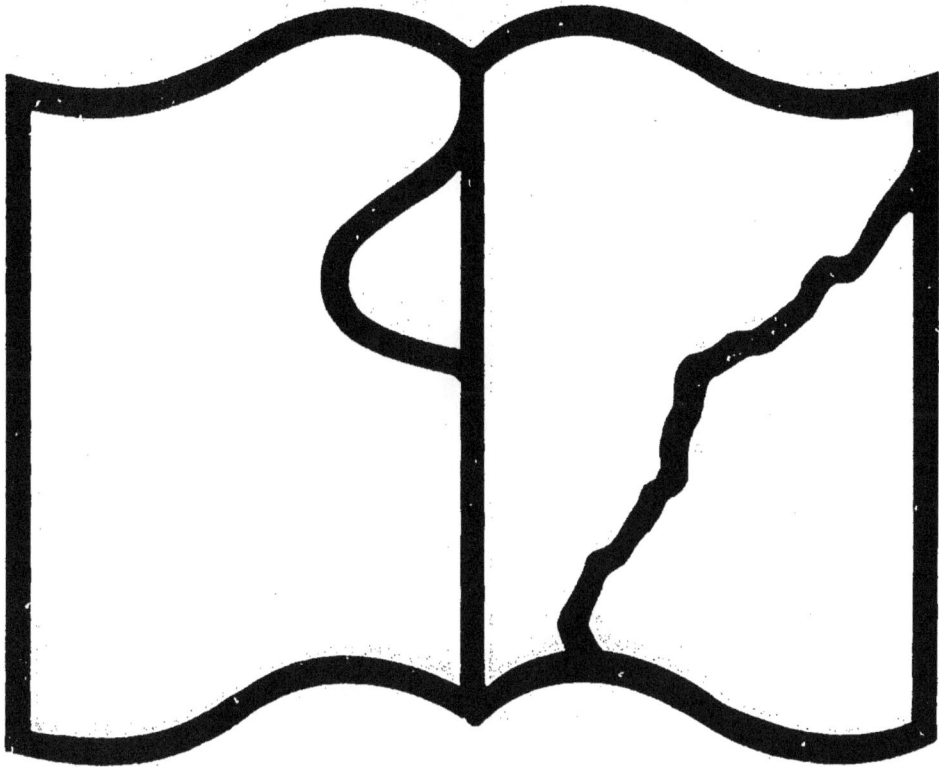

Texte détérioré — reliure défectueuse

NF Z 43-120-11

www.ingramcontent.com/pod-product-compliance
Lightning Source LLC
Chambersburg PA
CBHW060549210326
41519CB00014B/3405